STATISTISCHE BETRIEBSÜBERWACHUNG

ANLEITUNGEN FÜR EINE BETRIEBSWIRTSCHAFTLICHE ARBEITER-, LOHN- UND LEISTUNGS-STATISTIK MIT PRAKTISCHEN BEISPIELEN AUS EINEM GIESSEREIBETRIEB

MIT 10 SCHAUBILDERN

VON

DR. HERBERT ANTOINE

DRUCK UND VERLAG VON R. OLDENBOURG

MÜNCHEN UND BERLIN 1927

MEINEM LIEBEN VATER,
DEM BERLINER KUNSTMALER
OTTO ANTOINE,
GEWIDMET

Es drängt mich, an dieser Stelle meinem früheren Lehrherrn, Herrn Direktor Curt Thomann, für die vielseitige und gute Ausbildung, die er mir in seinem Betriebe angedeihen ließ, besonderen Dank zu sagen. Herr Thomann war es, der mir jene große Liebe zum Gießereifach anerzogen hat, aus der die vorliegende Arbeit entstanden ist. In gleicher Weise bin ich dem Verein Deutscher Eisengießereien, Düsseldorf, insbesondere Herrn Dr.-Ing. Lischka, für freundliche Unterstützung verpflichtet. Vor allem aber möchte ich hier meinen verehrten Lehrern, den Herren Professoren Dr. Friedrich Lenz und Dr. Wilhelm Auler, für alle Förderung bei der Durchführung meiner Arbeit herzlich danken.

Inhaltsverzeichnis.

»Ein Betrieb mag so oder so gestaltet sein, und kraft dessen auf mehr oder minder Ertriebswucht angelegt sein, dann kommt es erst noch darauf an, was Leitung und Belegschaft aus ihm zu machen wissen.«

(Gottl-Ottlilienfeld.)

1. Das neuzeitliche industrielle Rechnungswesen.

Für jeden industriellen Betrieb besteht die Notwendigkeit, den Gang der Fertigung und das Ergebnis der vollzogenen wirtschaftlichen Handlungen durch zahlenmäßige Rechnungslegung zu erfassen. Der große Nutzen und Erkenntniswert, der Zahlen innezuwohnen pflegt, weil sie an Stelle von Schätzung und Willkür zum Wegweiser sachgemäßen Handelns werden können, hat schon sehr früh vom Wert systematischer Aufzeichnungen über Betriebsvorfälle in Erwerbswirtschaften überzeugt.

Dies war ein Anlaß, daß man im Laufe der Zeit dazu überging, innerhalb jedes betriebswirtschaftlichen Unternehmens ein typisches industrielles Rechnungswesen auszubilden. Seine Aufgabe sollte es sein, den Fabrikationsprozeß und die mit ihm verbundenen kaufmännischen Geschäfte im einzelnen rechnungsmäßig zu erfassen und darzustellen. Maßgebend für seine besondere und zweckgemäße Ausgestaltung waren folgende Gesichtspunkte: Man wollte erstens zu einer systematischen Kapital- und Vermögensrechnung, zweitens zu genauen Aufschlüssen über die Kostengebarung der Betriebswirtschaft gelangen. — Dementsprechend umfaßt die industrielle Rechnungsführung zwei selbständige Rechnungssysteme:

1. Die Buchhaltung,
2. die Kostenrechnung.

Zu den Eigenheiten dieser beiden Rechnungszweige, die gemäß ihrer bisherigen Nutzanwendung im Industriebetrieb als Grundlage des industriellen Rechnungswesens zu gelten haben, gehört es, daß die Art und Form ihrer Betriebsermittlungen und Aufzeichnungen durch ihre besondere Systematik — mit entsprechender Zwecksetzung in Richtung auf die Vermögens-, Erfolgs- oder Kostenrechnung — einseitig ist. Deshalb kann man wohl sagen, daß die rein buchhalterische und kalkulatorische Zahlengruppierung allein noch nicht eine derart weitgreifende Vielgestaltigkeit aufzuweisen hat, wie sie für allumfassende, eindringliche Beurteilung, Leitung und Kontrolle eines Betriebes häufig nötig und wünschenswert wäre. Weder der Buchhaltung noch der Selbstkostenrechnung fällt die Aufgabe zu, alle Vorgänge innerhalb des Unternehmens in sich aufzunehmen und zu verarbeiten. Hier sowohl wie dort werden gewisse Maßzahlen und Betrachtungskomplexe überhaupt dem Tätigkeitsfeld entrückt, obwohl sie bei richtiger Schätzung höchst bedeutungsvoll werden können. Diesbezüglich hat selbst die vollkommenste Buchhaltung und Kostenrechnung den unumgänglichen Nachteil, in der Ausbeute ihrer Zahlenunterlagen niemals erschöpfend zu sein. — Aus solchen Gründen war die Ergänzung der buchhalterisch-kostenmäßigen Rechnungslegung im modernen Industriebetrieb zur Notwendigkeit geworden. Es erhob sich die Frage, auf welche Weise man ein umfassenderes Rechnungssystem gewinnen könne, das über die Grenzen der Buchhaltung und Kostenrechnung hinauszugehen in der Lage war.

Man erinnerte sich eines anderweitig erprobten, zahlenmäßigen Forschungsverfahrens, das im Bereich der Wirtschaftslehre bereits seit langem eine wichtige Rolle spielte. Es war die Zahlenrechnung der Statistik. In der Tat besaß diese eine schätzenswerte Eignung, um das dringende Bedürfnis nach umfassender und vielseitiger Auswertung von Betriebsergebnissen zu befriedigen. Sie bot nämlich Mittel und Wege, durch ein freieres, nicht zwangsläufig in sich gebundenes Rechnungssystem, je nach Wunsch und Bedarf, zahlenmäßige Gegenüberstellungen und Vergleiche zu ermöglichen. So kam es, daß sie als drittes und höchstes Glied in den Rahmen des industriellen Rechnungswesens eingefügt und von einsichtigen Betriebsleitern hervorragenderweise in den Dienst des Unternehmens gestellt worden ist.

Schon ein Blick auf den aufsteigenden Entwicklungsgang der Statistik vermag darüber zu belehren, daß ihr große Vorzüge zu eigen sind, denen sie ihre Wertschätzung und stete Verbreitung verdankt. Aus der Geschichte wissen wir, inwieweit die statistische Methode aus ihren engen Grenzen, die ihr vor ca. 200 Jahren von ihrem Erfinder[1]) gesetzt worden waren, neuerdings herausgetreten und zu einem wichtigen und allgemeinen Erkenntnismittel der Neuzeit geworden ist. Und heute stehen wir vor der Tatsache, daß sich fast alle Zweige der Wissenschaft des statistischen Verfahrens für ihre Forschungszwecke bedienen. Besonders aber die Wirtschaftswissenschaft ist es gewesen, die in weitgehendstem Maße zur Ergründung wirtschaftlicher oder sozialer Erscheinungen statistische Methoden heranzog. Nicht zum wenigsten mag deren sichtlicher Vorzug, vor allem ökonomischen Erfordernissen gerecht zu werden, entscheidend gewesen sein, um zu ihrer Wertschätzung sowohl beim Volkswirt als auch beim Betriebswirt zu verhelfen. Insoweit ja die Statistik die Möglichkeit bietet, bei einer unbegrenzten,

[1]) William Petty, »Political Arithmetic« 1691.

überhäuften Reihe von Einzelerscheinungen durch systemvolle Zahlenkonzentration eine Art von »ökonomischem Abkürzungsverfahren in stenographischer Form« zu schaffen, kann man glauben, daß ihre ständige Nutzanwendung von seiten des Ökonomen auf ein konsequentes Streben im Sinne des wirtschaftlichen Prinzips zurückzuführen ist. — Was nun die Anwendung der Statistik im Rahmen des industriellen Fabrikbetriebes betrifft, so muß ohne weiteres zugegeben werden, daß sie allenthalben fördernd gewirkt hat. Nicht mit Unrecht faßt Gomberg[1]) die Erfahrungen der Praxis dahingehend zusammen, daß »erst die Statistik dazu berufen ist, die in Buchhaltung und Kalkulation gesammelten Zahlen richtig lebendig zu machen, ihnen die Bedeutung von Ereignissen zu verleihen, die für die Beurteilung des Geschehens und die Gestaltung des Zukünftigen einen hohen Wert haben«.

Welche Vorzüge das statistische Arbeitsverfahren im einzelnen aufzuweisen hat, wird ersichtlich werden, sobald wir über seine charakteristischen Eigenheiten klargeworden sind.

2. Über die Technik der Statistik.

Worin besteht jene wissenschaftliche Forschungsmethode, welche man mit »Statistik« bezeichnet, und wie entfaltet man sie im Rahmen des industriellen Rechnungswesens? — Die Beantwortung dieser Frage erfordert, auf die Technik des statistischen Arbeitsverfahrens mit seinen Eigentümlichkeiten zu verweisen. Nicht überall ist die richtige Kenntnis der wissenschaftlichen Methodik in genügendem Maße verbreitet, so daß fehlerhafte Arbeiten vermieden werden. Falls nun die Statistik bei unzulänglicher Technik und beim Fehlen eines systemvollen und exakten Ausbaus lückenhafte, unzureichende Ergebnisse zeitigt, so muß man befürchten, daß damit eher geschadet als genützt wird. Gerade die statistische Tätigkeit erfordert zu ihrer Vollendung eine exakte, theoretisch-wissenschaftliche Grundlage. Allerdings wollen wir uns in den folgenden Darlegungen keinesfalls auf den »nur wissenschaftlichen Standpunkt« stellen, der eine Rücksichtnahme auf die Praxis nicht kennt. Daß die häufig zu einseitigen Forderungen und Wünsche des »nur Theoretikers« in der Praxis in vielen Fällen nicht erfüllbar sind, ist jedem praktisch arbeitenden Statistiker klar. Aus diesen Erwägungen heraus ist es dringend notwendig, einen Weg zu finden, daß Theorie und Praxis in unserem Falle sich die Hand reichen und aufs engste miteinander vereint werden. Nur auf diesem Wege werden wir dahin kommen, bei der praktischen Betriebsstatistik auch wirklich richtig und wissenschaftlich einwandfrei zu verfahren. Wenn dies ernstlich erstrebt wird, kann es nicht ausbleiben, daß häufig vorkommende Fehler und Trugschlüsse vermieden werden, die meist irgendwelchen

[1]) Gomberg, Grundlegung, S. 146.

technischen Unzulänglichkeiten bei falscher Verwendung statistischer Methoden entspringen. Hierzu wäre beispielsweise zu rechnen, wenn unpassende Unterlagen mit richtigen Vorarbeiten oder gleichartige Zahlengrößen mit ungleichen Elementen in Verbindung gebracht werden. Diesbezüglich müssen auf Grund eigener Erfahrung einige technologische Betrachtungen angestellt werden, die passend sein werden, um den Praktiker vor Irrtümern zu bewahren und gleich auf richtige Wege zu weisen.

An und für sich ist der Werdegang einer Betriebsstatistik im fabrikatorischen Unternehmen wenig kompliziert. Sie entsteht, indem irgendwelche Betriebsergebnisse in regelmäßigen Zeitabständen zahlenmäßig ermittelt, aufgezeichnet und zusammengestellt werden. Dabei wird der Zweck verfolgt, durch positive Zahlenunterlagen und deren Vergleiche Einblicke und Übersichten für die Betriebsüberwachung zu gewinnen. Die Zahlensammlung zum Zwecke des Vergleichens spielt bei der Statistik eine äußerst wichtige Rolle, weil es zu ihrer Wesenheit gehört, ihre Kontrollfunktion durch Zahlenvergleiche auszuüben. — Somit gilt als ihre oberste Regel: jede ermittelte Zahl dem Vergleichszweck unterzuordnen. Diese Bedingung zieht folgerichtig nach sich, daß man vor jeder praktischen Auswertung von Betriebsergebnissen gezwungen ist, erst einmal die Gleichartigkeit der beobachteten Einzelheiten unzweifelhaft zu gewährleisten, bevor man an ihre Auswertung geht. Eine solche Gleichartigkeit wird überall dort zu erzielen sein, wo man

1. ein dauerndes System von fortlaufenden und gleichmäßigen Beobachtungen schafft,
2. das Objekt der Betrachtung ein für allemal klarlegt.

Dementsprechend ist also bei allen Betriebserhebungen zu verfahren.

Vom Standpunkt der Technik lassen sich 5 Stufen der statistischen Tätigkeit unterscheiden:

1. Die statistische Ermittlung und Zahlensammlung als Grundlage und Ausgangspunkt,
2. die Zusammenfassung und Gruppierung des gewonnenen Zahlenmaterials in Tabellen,
3. die weitere rechnerische Bearbeitung der gruppierten Zahlenunterlagen zum Zwecke größerer Übersicht und die Konzentration statistischer Ergebnisse,
4. die Veranschaulichung durch graphische Darstellungen,
5. die Verwertung der statistischen Daten.

a) Die statistische Ermittlung und Zahlensammlung.

Zu den Voraussetzungen einer wirklich systemvollen Zahlenerfassung gehört es, mit der Festlegung eines organischen Arbeitsplanes zu beginnen. Dabei wird man die Frage zu entscheiden haben, welche Zahlen zweckmäßigerweise zu ermitteln sind und an welchem Ort, zu welchem Zeitpunkt sie am zuverlässigsten und leichtesten gewonnen werden können. Diesbezüglich besteht in jedem Betriebe die Möglichkeit, auf Grund seiner organisatorischen Eigenheiten eine Gliederung nach festumrissenen Arbeits- und Betrachtungseinheiten vorzunehmen. Das beweist die jeweils im Einzelbetrieb durchgeführte Kontenzerlegung der Fabrikbuchhaltung oder die abteilungsmäßig geteilte Kostenverrechnung zur Genüge. Sowohl die Gliederung der Buchhaltung als die der Kalkulation kann für die Statistik als Richtlinie dienen. Es ist überhaupt eine ganz besonders erwähnenswerte, organisatorisch bedingte, methodologische Eigentümlichkeit der betriebswirtschaftlichen Statistik, daß sie in engster Verknüpfung, teilweise sogar in direktem Abhängigkeitsverhältnis von Buchhaltung und Kostenrechnung steht. Dies ist eine Tatsache, die nicht zum wenigsten durch wirtschaftliche Erwägungen im Streben nach größter Rentabilität veranlaßt worden ist. Dabei muß der allseitig tätige, gesunde Sinn haushälterischer Betriebskaufleute gerühmt werden, welcher Mittel und Wege gefunden hat, die im Fabrikbetriebe angewandte Statistik möglichst einfach und billig zu gestalten. Im Rahmen des industriellen Rechnungswesens lag es nahe, die Statistik — unter bester Ausnutzung bestehender Einrichtungen — auf den Grundpfeilern des vorhandenen Rechnungswesens, d. h. der Buchhaltung und Kalkulation, aufzubauen und deren Zahlen statistisch aufzuschließen. Auf diese Weise war es möglich, eine Statistik in den meisten Fällen aus gegebenen Unterlagen mit möglichst geringen zusätzlichen Aufwendungen ins Leben zu rufen.

Dementsprechend kann man die Feststellung machen, daß die betriebswirtschaftliche Statistik zur Hauptsache ein Extrakt aus Buchhaltung und Kostenrechnung darstellt. Sie nimmt ihre Gruppierungen und Vergleiche, nach Maßgabe vorhandener Zahlen, in der Regel »sekundär« vor. Diese äußere Hintereinanderschaltung und wirtschaftlich zweckmäßige Verknüpfung in der Rechnungsführung durch sekundäre Auswertung kann aber nicht im geringsten den Eindruck wachrufen, daß die Statistik überhaupt als etwas Nebensächliches, Unnötiges für die Betriebsführung anzusehen sei, wie es leider noch häufig von seiten Unkundiger geschieht. Gerade eine derartige ökonomische Angliederung und andererseits ihre zweckdienliche Methodik sind es, die die Statistik zum besten Hilfsmittel für den Unternehmer machen. Jene gewährleistet geringe Kosten, diese hebt sie über die beiden anderen Rechnungszweige hinaus und bietet Gelegenheit, durch kritische Untersuchungen und weitgehendste Vergleiche wertvolle Aufschlüsse über den Gang des Betriebes zu geben.

Die oben erwähnte Angliederung und Verknüpfung der drei verschiedenen Rechnungszweige, Buchhaltung, Kalkulation und Statistik, geht stellenweise sogar so weit, daß es schwer fällt, sie voneinander zu trennen und ihre Tätigkeiten dementsprechend abzugrenzen. In vielen Fällen sind schon Art und Form der Aufzeichnungen, teils der Kalkulation, teils der Buchhaltung, als wesensgleiche, statistische Gruppenbildungen anzusprechen, besonders wenn sie die verschiedensten schematischen Aufzeichnungen vornehmen, um das nötige Buchungs- und Berechnungsmaterial festzulegen. Ganz besonders die Sammlung von Unterlagen, wie sie für die Selbstkostenrechnung benötigt werden, ist eigentlich nichts anderes als Arbeit reinsten statistischen Stils. Will man z. B. für seine Kosten- oder Preiskalkulationen irgendwelche eigenen Erfahrungswerte gewinnen, so bleibt kein anderer Weg, als praktische Betriebsergebnisse statistisch zu sammeln und darauf seine Kalkulation aufzubauen. Inwieweit gerade bei der Kostenbetrachtung Statistik und Kalkulation miteinander verquickt und wechselseitig verbunden sind, wird später noch näher behandelt[1]). Allerdings kann eine derartig teilweise und noch wenig systematische statistische Betätigung, wie sie eben in wenigen Punkten der überall gebräuchlichen Betriebsrechnung nachgewiesen wurde, keinerlei Anspruch auf Vollständigkeit oder Anerkennung als »Statistik« erheben. — Soviel bleibt nur festzuhalten, daß ein praktischer Statistiker in sehr vielen Fällen Gelegenheit finden wird, seine Ermittlungen in direktem Anschluß an bereits bestehende Betriebsbücher oder Rechnungsformulare vorzunehmen. Häufig genügt auch schon eine geringe Änderung bestehender Rechnungsbelege, damit sie auch statistische Bedürfnisse befriedigen. Nur wenn auf eine solche Weise die Verknüpfung der statistischen Feststellungen nicht durchführbar ist, muß ein neues statistisches Erhebungsformular entworfen werden. Dabei soll man aber nie vergessen, daß jedes neue Formular eine Neubelastung für die Betriebskräfte darstellt, um derentwillen eine Vergrößerung des »papierenen Apparates« immer nur mit großer Vorsicht zu behandeln ist.

Grundbedingung eines brauchbaren statistischen Formulars soll es sein, erstens klar, zweitens leicht verständlich, drittens erschöpfend zu sein, ohne übermäßig umfangreich zu werden. Bei seiner Auswahl und Textanordnung muß der Gesichtspunkt maßgeblich sein, jede Schreibarbeit beim Ausfüllen zu beschränken und keine große Denkarbeit zu fordern. Eine besondere Beachtung verdient die Tatsache, daß es fast immer Schwierigkeiten macht, eine einwandfreie Zahlenermittlung vom Werkpersonal zu erreichen. Dieser Umstand legt es einem einsichtigen Statistiker des öfteren nahe, wichtige Erhebungen grundsätzlich alleine vorzunehmen. Zumindest sind häufigere persönliche Kontrollen der Betriebsaufnahmen unerläßlich.

Zusammenfassend wäre demnach für den Ausbau oder die Errichtung einer betriebswirtschaftlichen Statistik zur Richtlinie zu machen,

---

[1]) Vgl. den Abschnitt über Lohnkostenstatistik. Seite 41.

nicht etwa eine allzu große Menge von Grundziffern aus dem Betriebsgange zu erfassen, sondern vorhandene Zahlen möglichst vielseitig und neuartig auszuwerten. Um nun dabei richtig und ganz im Sinne der Forderung nach dauernder und systematischer Zahlenbeobachtung zu verfahren, ist es erforderlich, alle Auswertungen in ganz bestimmten Zeitintervallen anzustellen. Dazu ist die Bestimmung einer Zeitgrenze vonnöten. Bei ihrer Wahl kann verschieden verfahren werden. Je nach Bedarf im Einzelfalle sind die Aufzeichnungen in größeren oder kleineren Zeitabschnitten vorzunehmen. Es steht uns dabei frei, eine tägliche, wöchentliche oder monatliche Statistik zu betreiben. Wir haben nur darauf zu achten, daß das häufig in den statistischen Zahlen enthaltene Moment der ungleichen Zeitdauer beseitigt wird. Das ist eine Folgerung, die sich aus dem statistischen Prinzip der Vergleichbarkeit herleitet. Denn es versteht sich, daß irgendwelche Lohnzahlen aus vierwöchentlichen Lohnperioden niemals mit solchen aus einem fünfwöchentlichen Zeitabschnitt direkt verglichen werden können. Die in solchen Fällen zutage tretenden, zeitlichen Verschiedenheiten und Unzulänglichkeiten des Materials sind nur dadurch zu beheben, daß man das ungleiche Zeitelement durch Umrechnung auf eine einheitliche Zeitgröße bringt. Dieser Ausweg wird in der Praxis meistens gewählt. Jede Zeitgröße von ungleichem Gewicht wird auf eine Normalperiode, — z. B. einen Normalmonat von 25 Arbeitstagen, einen Normalstundentag — umgerechnet und dadurch mit anderen Zahlen vergleichbar gemacht.

b) Die Zusammenfassung und Gruppierung des Zahlenmaterials.

Die praktische Vornahme derartiger Umrechnungen auf Normalperioden, wie oben angegeben, hängt bereits aufs engste mit der rechnerischen Aufarbeitung, sinngemäßen Zusammenstellung und Gruppierung aller ermittelten Zahlenwerte zusammen. Das sind Tätigkeiten, die dazu bestimmt sind, Ordnung und Klarheit in das zusammenlaufende, stetig sich vergrößernde Zahlenmeer zu bringen. Als bestes Hilfsmittel werden hierfür schematisierende Tabellen mit systemvollen Reihengliederungen verwandt. Sie sollen die einzelnen beobachteten Teilergebnisse aufnehmen und nebeneinander stellen. Für ihre Anordnung und Gliederung ist jeweils entscheidend, ob es sich nur um gleichartige oder mehrfach verschiedene Unterlagen handelt; denn statistische Zahlenreihen können ihrem Inhalt nach sehr verschieden sein. Einheitlich wird meist nur ihr zeitlicher Charakter sein. Dieser Umstand erleichtert es, grundsätzlich eine Tabellenform in Anwendung zu bringen. Ihre Anordnung wäre folgendermaßen zu veranschaulichen:

Jeweilige Zeiteinheit				Statistische Zahlenreihen			
Stunde	Tag	Monat	Jahr	Lohn	Leistung	v. H.	etc.
1.							
2.							
3.							
4.							

Es ist keineswegs unwichtig, sich auch bei den einfachen statistischen Hilfsmitteln — so wie hier den Tabellen — einer einheitlichen Systematik zu befleißigen. Das dient in jedem Falle dazu, leicht verständlich und faßbar zu machen. Für die Einrichtung tabellarischer Schemata gilt im allgemeinen ebenso wie für den Entwurf statistischer Formulare der Grundsatz: Übersichtlichkeit, Klarheit und Eindeutigkeit. Das spielt bei der räumlichen Verteilung der Tabellenspalten eine durchaus wichtige Rolle. Die Praxis wird immer beweisen, daß es stets besser ist, zwei kurze und klare Tabellen, statt einer umfangreichen und verworrenen zu benutzen. Sehr häufig besteht auch die Gefahr, daß unwesentliche Angaben in vielen Tabellen wiederholt und immer wieder mitgeschleppt werden. — Da müssen hin und wieder Reinigungsprozesse erfolgen und alle Zahlen auf ihre unbedingte Notwendigkeit hin untersucht werden.

Aus leicht verständlichen Gründen ist es zum Zwecke richtiger Verwertung sämtlicher Betriebsergebnisse erforderlich, alles verfügbare Tabellenmaterial für ständige und gleichzeitige Benutzung immer zur Hand zu haben. Demnach empfiehlt es sich — vor allem für größere Betriebe — alle Tabellen und Zahlenunterlagen in einem eigenen statistischen Hauptbuch zu sammeln. Für diese Zwecke wählt man am besten ein größeres Buch mit auslösbaren Blättern, das nach Art der Schnellhefter gestattet, jeweils nötige Tabellenbogen herauszunehmen.

c) Die rechnerische Zahlenkonzentration.

Je weiter sich die Statistik ausdehnt und entfaltet, um so mehr wird sie an äußerem Umfang gewinnen. Dabei droht die Gefahr, daß ihre räumliche Zunahme auf Kosten der Übersichtlichkeit zustande kommt; denn es ist klar, daß bei laufender Vergrößerung des Zahlenmaterials der Überblick sehr erschwert wird. Hier hat die Statistik selbst einen Rat und Ausweg gefunden; sie macht sich nämlich zwei passende mathematische Methoden zunutze, welche Mittel bieten eine unübersichtliche Fülle von absoluten Zahlen zusammenzuziehen und sprechender zu gestalten. Dabei handelt es sich einerseits um rechnerische Maßnahmen, die eine Konzentration der Zahlen bezwecken; d. h. es wird vermittels einer Durchschnitts-, Mittelwerts- oder Verhältniszahlrechnung eine Verringerung des Zahlenmaterials vorgenommen. An zweiter Stelle ist die graphische Darstellungsmethode herangezogen worden, um als ein wirksames und augenfälliges Ergänzungsmittel von statistischen Zahlenreihen an die Seite der Tabellen zu treten.

Was die Zahlenkonzentration betrifft, so hat sie — wie oben geschildert — die Kürzung und Zusammenziehung statistischer Zahlen zur Aufgabe. Beides kann je nach Art des fraglichen Materials in verschiedener Weise erfolgen. Als erstes wäre die Ermittlung von Verhältniszahlen zu nennen. Diese sind vornehmlich zur Vereinfachung von statistischen Gegenüberstellungen geeignet. Das hängt mit ihren Fähigkeiten zusammen, in einem einzigen, typischen Zahlenausdruck das Bild von wechselseitigen Vergleichsbeziehungen mehrerer absoluter Zahlen zu geben. Darauf kommt es der Statistik im Grunde genommen ja an. — Bekanntlich entsteht eine Verhältniszahl durch Inbeziehungsetzung zweier Zahlen. Die dabei gebräuchlichste Form ist die Prozentberechnung, wo eine der Größen gleich 100 Einheiten gesetzt und die andere darauf bezogen wird. An sich können derartige Prozentzahlen zwischen jeglichen absoluten Zahlen berechnet werden. Ob eine solche Berechnung stattfindet, hängt davon ab, ob zwischen den in Betracht kommenden Zahlen ein gegenseitiges Abhängigkeitsverhältnis oder ein logischer Zusammenschluß besteht. Darnach richtet sich die Praxis ja vielfach bereits, wenn sie für Zwecke der Kostenrechnung, z. B. Gehälter, Betriebsunkosten und Materialverbrauch in Hundertteilen der produktiven Löhne errechnet.

Eine zweite Möglichkeit zur Zahlenkonzentration bietet sich durch Berechnung von Durchschnittszahlen oder Mittelwerten. Man tut gut, Durchschnitte überall dort zu errechnen, wo eine aus absoluten Werten bestehende Zahlenreihe in ihrem wesentlichen Stande durch eine einzelne Zahl charakterisiert werden soll. Derartige Fälle ergeben sich sehr oft. Beispielsweise pflegt man in vielen Betrieben statt einer großen Reihe von täglichen Arbeiter-, Lohn- und Leistungszahlen einen Durchschnittswert statistisch zu ermitteln und sich damit zu begnügen. Allgemein üblich ist es dabei, sich einfacher arithmetischer Mittelwertsrechnungen zu bedienen. Tatsächlich ist der arithmetische Mittelwert am besten zu verwenden, insoweit die maßgeblichen Zahlenreihen ın gewissen Grenzen tendieren und keine erheblichen Schwankungen darin vorkommen. Seine unkomplizierte und schnelle Berechnungsweise bedeutet einen Vorzug, der ihm schon immer zu großer Beliebtheit gegenüber allen anderen Durchschnittswerten verholfen hat. Diesem Vorzug aber steht immerhin der Nachteil gegenüber, daß die arithmetische Durchschnittszahl nicht immer das jeweilig verschiedene Gewicht der absoluten Zahlen, auf denen sie beruht, ersichtlich machen kann. In dieser Hinsicht hat jede Zahlenkonzentration auch ihre Schwächen, die nicht verkannt werden dürfen; denn Mittelwertsrechnung bedeutet nichts anderes als Nivellierung, wo alle Grundwerte auf einen Nenner gebracht worden sind. Irgendwelche Schwankungen und Gegensätze einzelner Zahlenglieder können also dabei verschwinden und ausgelöscht werden. Das kann so weit gehen, daß gerade diejenigen auffallenden Zahlenbewegungen unsichtbar gemacht werden, deren Klarlegung und Ergründung eigentlich Aufgabe der Statistik hätte sein sollen. Deshalb genügt ein einfacher arithmetischer Mittelwert nicht mehr zur sinngemäßen Darstellung, wo stark schwankende Zahlengrößen zugrunde liegen. Seine grundsätzliche Brauchbarkeit und Bedeutung tritt in solchen Fällen z. B. hinter der Wichtigkeit desjenigen Wertes zurück, der am häufigsten in einer Zahlenreihe auftritt. Dieser Wert gilt allgemein als »dichtester Wert«.

Auf seine Wichtigkeit für die betriebswissenschaftliche Statistik neuerdings nachdrücklichst hingewiesen zu haben, ist das Verdienst Karl Daeves[1]). Ausgehend von der Erkenntnis, daß die Häufigkeit des Vorkommens von Zahlengliedern in einer statistischen Reihe ebenso entscheidend für ihre Beurteilung sein kann als der arithmetische Durchschnittswert, hat er ein neues Konzentrationsverfahren eingeschlagen. Dieses gipfelt darin, aus einer vielzähligen Reihe von Einzelergebnissen den »dichtesten Wert« zu ermitteln und — was das wichtigste ist — alle in Frage kommenden Abweichungen der anderen Glieder, d. h. die jeweilige Streuung derselben um den Mittelwert, durch sog. »Häufigkeitskurven« deutlich erkennbar zu machen. Wie deren Name schon sagt, handelt es sich hierbei um schaubildmäßige Darstellungen, in denen alle Einzelwerte einer Zahlenreihe nach der Häufigkeit ihres Vorkommens in Kurvenform graphisch dargestellt werden[2]). Gerade wegen der dadurch erreichten Erfassung und Kenntlichmachung der Streuungsmaße verdient das Daevessche Verfahren besonders gerühmt zu werden; denn es versteht sich, daß neben dem eigentlich häufigsten Wert seine wechselnde Stellung zu allen weiteren Reihenwerten für die statistische Erkenntnis von grundlegender Bedeutung ist. Dies pflegt in der Praxis dann eine Rolle zu spielen, wenn praktische Betriebszahlen, z. B. Leistungswerte, nach ihrer Güte untersucht werden sollen[3]). Je stärker nämlich die Streuung unter solchen Leistungswerten ist, um so weniger günstig wird man sie beurteilen müssen. Demgemäße

[1]) Vgl.: Daeves, Großzahlforschung.
[2]) Vgl. Schaubild X und XI.
[3]) Vgl. unsere späteren Ausführungen in Kap. 13.

Klarstellungen vermögen den Wert der Häufigkeitskurve im Rahmen statistischer Arbeiten zu beweisen. Über ihre praktische Verwendung und Konstruktion wird später im Zusammenhang eines Beispiels noch eingehender gesprochen werden. Vorher ist es erforderlich, einige grundsätzliche Bemerkungen über Wert und Wichtigkeit von graphischen Darstellungen im Sinne der Häufigkeitskurven folgen zu lassen.

d) Die graphische Darstellung durch Diagramme.

Man kann sagen, daß neuerdings der graphischen Darstellung von Betriebsergebnissen und Betriebszahlen in modernen Unternehmungen eine immer wachsende Bedeutung zukommt. Zweifelsohne ist dies als großer Gewinn für die betriebswirtschaftliche Statistik zu buchen. Es ist bekannt, daß nackte Zahlen, so wie sie in den Tabellen gesammelt sind, namentlich bei längerem und wechselndem Gebrauch stark ermüdend auf den Geist des Beschauers einwirken und eine richtige Abschätzung gegeneinander schon nach kurzer Zeit sehr erschweren. Abgesehen davon ist es außerordentlich schwierig, allein auf Grund von Zahlenangaben, sich im Geiste die dahinterstehenden Größenverhältnisse richtig vorzustellen. Dieser große Mangel kann in einfachster Weise durch die graphische Darstellung behoben werden. Der Punkt, vor allem die Linie und Fläche im Koordinatensystem haben vor der Zahl den großen Vorteil, vermöge ihrer Anschaulichkeit mehrere Tatsachen nebeneinander auf einen Blick faßbar zu machen. Dadurch wird es ermöglicht, daß zeitlich verschiedene oder sonstwie anders gelagerte Werte sofort verglichen werden können und vor allen Dingen für denjenigen an Deutlichkeit gewinnen, der nicht unmittelbar über die Gewinnung der einzelnen Beobachtungsdaten im Bilde ist. Das sind Vorzüge, welche die graphischen Darstellungen besonders für die Leiter von größeren Betrieben schätzbar machen, und zwar sind es vor allem die sog. Kurven, die eine wesentliche Erleichterung bei der Beobachtung von mehreren gleichartigen oder gegensätzlichen Zahlenreihen bieten. Die vielseitige Brauchbarkeit und der praktische Nutzen von Kurvendiagrammen beruht auf der Einfachheit ihrer Konstruktion. Obschon die graphische Darstellung sich prinzipiell aller geometrischen Figuren bedienen kann, wird in der betriebswirtschaftlichen Unternehmung doch nur die einfachste Form, vornehmlich das Kurvendiagramm, benutzt. Überall dort, wo es gilt, statistische Zahlen als eine Funktion der Zeit aufzufassen, d. h. die fortlaufende Bewegung einer Erscheinung mit Schwankungen und Tendenzen im zeitlichen Verlauf zu erfassen, da wird ein Kurvenbild am Platze sein. Seine Darstellung erfolgt meistens derart, daß die Zeiteinteilung in gleichmäßigen Abständen auf der wagerechten Abszisse erfolgt, während die statistischen Zahlen auf den senkrechten Ordinaten abgetragen werden (vgl. die Schaubilder I—V). Bei der Bestimmung der dazu nötigen

Maßeinheiten des Koordinatensystems muß von vorneherein das jeweilige Verhältnis der Zahlenglieder zur Größe des verfügbaren Raumes berücksichtigt werden. Möglichst vermeiden sollte man es, Skalen mit mehreren veränderlichen Maßstäben in einem Schaubild zu vereinigen, was häufig geschieht, wenn starke Kurvenschwankungen aufzutreten pflegen. Um in solchen Fällen unrichtige Verzerrungen und falsche Vorstellungen zu vermeiden, ist ein einheitlicher, entsprechend kleiner gewählter Maßstab weitaus empfehlenswerter als mehrmals wechselnde Maßeinheiten.

Sonst bleibt wenig Prinzipielles über die Herstellungstechnik von Schaubildern hinzuzufügen. Dadurch daß nach Maßgabe späterer Beispiele den folgenden Ausführungen verschiedene graphische Darstellungen beigefügt worden sind, werden weitere Einzelheiten hinsichtlich ihrer Ausführung durch eigene Anschauung geklärt werden können. Zugleich wird Klarheit darüber zu gewinnen sein, wie sehr sich zeichnerische Darstellungen verlohnen, selbst wenn einige Mehrarbeit damit verbunden ist. — Nichts wäre verfehlter, als aus kleinlichen Kostenerwägungen heraus einen nur geringen Mehraufwand für graphische Auswertungen zu scheuen und deshalb auf dieses eindringlichste aller statistischen Ausdrucksmittel zu verzichten. Darüber wird jeder belehrt, der selbst erst die Erfahrung machen konnte, daß eigentlich nur graphische Schaubilder eine rechte Handhabe bieten, weitgehendste Ausbeute und Nutzbarmachung statistischer Zahlen zum Fortschritt des Betriebes vorzunehmen. Denn es wird sich immer zeigen, sobald es erst gelungen ist, mit Hilfe leicht faßlicher Kurvenbilder irgendwelche Unregelmäßigkeiten im Betriebsgange zu enthüllen, daß es nicht mehr schwer ist, ihre Ursachen zu ergründen und abzustellen.

In welcher Weise bei einer diesbezüglichen Deutung und Ergründung graphischer Darstellungen verfahren werden muß und gewonnene Einsichten im Einzelfalle nutzbar gemacht werden sollen, darüber wollen wir später durch praktische Zahlen belehren.

3. Umgrenzung des Arbeitsgebietes und Zielsetzung.

Zweifelsohne kann die Fülle des statistischen Materials und die Vielfältigkeit der Auswertungsmöglichkeiten von Zahlen, die sich im Arbeitsgange eines Betriebes herauskristallisieren lassen, eine Gefahr der Verzettelung und Weitschweifigkeit in sich bergen. Versetzen wir uns jedoch bei unseren Betrachtungen in die Lage eines rationell denkenden Kaufmanns, der die betriebswirtschaftlichen Studien zur Steigerung des Wirkungsgrades seines Betriebes unternimmt, so wird das für die Statistik an und für sich weite Betätigungsfeld durch wirtschaftliche Erwägungen begrenzt.

Daß man vom Standpunkte der Theorie z. B. viele Möglichkeiten für statistische Auswertungen im Hinblick auf die Arbeiter- und Lohnverhältnisse eines Fabrikbetriebes ausfindig machen und aufzählen kann, das beweisen die allgemeinen Abhandlungen in den Lehrbüchern über betriebswirtschaftliche Statistik[1]). Sie führen nach unserer Meinung allzu zahlreiche Einzelheiten auf, ohne daß dem Betriebsfachmann der praktische Nutzen und Wert der vorgeschlagenen Auswertungen ersichtlich werden kann. Es ist uns in der Praxis häufig als ein fühlbarer Mangel theoretischer Darstellungen über Statistik erschienen, daß sie sich leicht in seitenlangen, trockenen Zusammenstellungen erschöpfen. Der Nachteil derart wissenschaftlich abstrahierter und dadurch wesenloser Beschreibungen bei einer Materie, die der Anschauung und einer individuellen Grundlage mehr denn je bedarf, wird jedem ihrer Leser bemerkbar.

Deshalb ziehen wir es vor, uns zu spezialisieren und in Beschränkung einerseits auf besondere Betriebsverhältnisse, anderseits auf einen Einzelzweig der Statistik, d. h. eine »Arbeiter- und Lohnstatistik im Gießereibetriebe«, eine Grundlage für eine plastische Schilderung zu schaffen. Nicht ein Hinweis auf jene Fülle von denkbar zweckmäßigen und unzweckmäßigen Möglichkeiten — die, wie wir wissen, ja bestehen — sondern nur klare, streng an ein bestimmtes, individuelles Bild gebundene Darstellung scheint uns der rechte Weg, Vorstellung und Interesse dort zu wecken, wo sie bisher gefehlt haben. Dabei verfolgen wir die Richtlinie, den praktischen Wert unserer nachfolgenden Anregungen durch Beispiele erkennbar werden zu lassen.

Es ist mit der Statistik im Einzelbetriebe nicht anders als mit der Organisation. Bei beiden bedeutet es einen großen Vorzug, daß sie in ihrer freien Beweglichkeit sich ganz den jeweiligen Bedürfnissen des einzelnen Unternehmens anzupassen und damit allen individuellen Erfordernissen gerecht zu werden vermögen. Aber gerade durch eine hieraus sich ergebende, jeweils veränderliche Ausgestaltung für ganz besondere Betriebsverhältnisse wird eine Einseitigkeit im Ausbau begründet, die schwer zur Allgemeingültigkeit erhoben werden kann. Deshalb kann auch die folgende Darlegung der angewandten Lohnstatistik in keiner Weise zu einer idealen Schematisierung führen, die für jeden Betrieb Geltung behalten soll.

Wir machen uns nur zur Aufgabe, das allgemeine Interesse und die Aufmerksamkeit der Betriebsfachleute erneut auf die wissenschaftliche Betriebsführung zu lenken und mittels einiger prägnanter Untersuchungen den Wert der systematischen Forschung auf statistischer Grundlage darzutun. Die Nachkriegszeit hat mit ihren Nöten die deutsche Industrie zum wissenschaftlichen Studium der Betriebsvor-

[1]) Vgl. Die Darstellung bei Leitner: Kontrolle, S. 115 ff., oder Calmes: Statistik, S. 185 ff.

gänge nicht allein vom betriebstechnischen, sondern ganz besonders vom betriebswirtschaftlichen Standpunkt gedrängt. Eine Menge wichtiger Untersuchungen von erfahrenen Praktikern und Theoretikern sind damit eingeleitet worden. Sie deuten auf neue Wege, um die Betriebsforschung mehr und mehr vorwärtszubringen. Dabei erscheint es an der Zeit und erstrebenswert, die allgemeinen Lehren durch praktische Auswertung von Einzelfällen zur Anwendung zu bringen. Daß Anregungen auf diesem Gebiete für den Betriebsleiter und den häufig nicht vertrauten Kaufmann nötig erscheinen, beweist das einmütige Urteil unserer Wissenschaftler:

»Schon die oberflächliche Betrachtung eines Fabrikbetriebes beim Hindurchgehen durch die Werkstätten und die Höfe zeigt vielfach, eine wie gewaltige Leerlaufsarbeit und Zeitvergeudung in vielen Werkstätten noch getrieben wird. Die Beseitigung von Hemmungen in der Arbeit, die durch unzweckmäßige Anordnung des Arbeitsvorganges, durch ungeschickte Einteilung der Werkstätten und Maschinen, durch schlechte Organisation des Transportwesens und andere Dinge mehr verursacht werden, sind ja in erster Linie Aufgabe der technischen Betriebsleitung. Es ist wohl nicht übertrieben, zu behaupten, daß in manchen Betrieben 20 bis 30% der gesamten Löhne auf diesem Wege ohne nützliche Arbeit vergeudet werden. Auf diesem Gebiete findet die moderne Betriebswissenschaft noch große Aufgaben zu bewältigen!«[1])

»Von dem synthetischen und analysierenden Wert einer Statistik, von ihrer Bedeutung als »Spiegel des Betriebes« sind selbst manche großindustriellen Unternehmungen nicht vollständig überzeugt: eine unproduktive Ausgabe, eine Vermehrung der Verwaltungskosten, eine Verteuerung der Selbstkosten, das ist so ziemlich das allgemeine Urteil auch jener Unternehmungen, die der Not gehorchend eine statistische Abteilung einrichten.«[2])

»Vielen gilt die Einrichtung einer Statistik als eine Luxusausgabe, für die nur sehr große Unternehmungen, die wegen ihrer Bedeutung, ihres Weltrufes oder ihrer Monopolstellung größere soziale und Repräsentationspflichten haben, Mittel auswerfen können.«[3])

Wir treffen hier auf Vorstellungen, die dem »gefühlsmäßigen« und »weitschauenden« Empiriker so sehr vor Augen schweben. — Will man seinen Betrieb rationalisieren und ganz die Fäden seiner Leitung in der Hand behalten, so ist es nicht damit getan, auf tägliche Erfahrung, Erinnerung oder Schätzung zurückzugreifen und seine Entschlüsse auf ihnen aufzubauen. Hier kann nur allumfassende, systematische zahlenmäßige Darstellung die richtigen Wege weisen. Es erhebt sich

---

[1]) Vgl. Heidebroek, Industriebetriebslehre, S. 158.
[2]) Vgl. Leitner, Kontrolle, S. 87.
[3]) Vgl. Calmes, Statistik, S. 46.

also im Gießereibetriebe der Wunsch, »daß man den ganzen Betrieb in seinen Einzelzuständen zahlenmäßig bestimmbar macht und die rechnerisch, statistisch oder empirisch gewonnenen Größen unter sich in ein solches Verhältnis setzt, wie es sich aus dem natürlichen Vorgange der Gußerzeugung ergibt«[1]). In den großen Rahmen zahlenmäßiger Rechnungsführung für den gesamten Betrieb ist die Arbeiter- und Lohnstatistik organisch einzufügen. Vielleicht mag es sonderbar erscheinen, daß wir die statistische Behandlung des Arbeiter- und Lohnproblems in den Mittelpunkt von grundsätzlichen Betrachtungen über die Anwendung der Statistik zu stellen trachten. Man könnte geltend machen, daß die modernste industrielle Entwicklung allgemein dahin ginge, die stets teurer werdende menschliche Arbeitskraft durch fortgesetzt stärkere Anwendung von arbeitssparenden Maschinen auszuschalten und zu ersetzen. Daraus ließe sich folgern, daß der Betrachtung der Lohnverhältnisse eine immer geringere Aufmerksamkeit zuzuwenden wäre.

Diese Auffassung glauben wir zumindest für unseren Fall aus zwei Gründen widerlegen zu können:

1. Wenn auch der industrielle Großbetrieb im allgemeinen darnach strebt, die manuelle Tätigkeit durch die unpersönliche Maschine zu ersetzen, so ist der Gießereibetrieb aus technischen Gründen immer noch dazu berufen, eine ganz besondere Domäne der Handarbeit zu bleiben. Was ihn nämlich hindert, in größerem Ausmaß dem »Zug der Zeit« folgen zu können, ist der Umstand, daß die Gießerei von Grund auf handwerkliche Arbeitsverrichtungen umfaßt, die eine durchgreifende Ersetzung durch Maschinenkräfte nicht zulassen. Das liegt bekannterweise in der Eigenart des Arbeitsvollzuges beim Gießverfahren samt allen Nebenarbeiten begründet. Deshalb hat man selbst dort, wo die Einführung neuzeitlicher Errungenschaften, wie Formmaschinen, Kräne und Preßluftwerkzeuge, betrieben worden ist, keineswegs den richtunggebenden, arbeitsintensiven Charakter der Gießereifertigungsmethoden umgestalten können. So stehen wir vor der Tatsache, daß noch allenthalben die Lohnaufwendungen einen sehr erheblichen Teil der Gußerzeugungskosten ausmachen. Das scheint schon ernstlich Grund genug, um der von uns gewünschten Lohnbetrachtungen einige Aufmerksamkeit entgegenzubringen[2]).

---

[1]) Vgl., was Dipl.-Ing. Leber schon 1910 in seinem Buch über »Selbstkostenberechnung von Gußstücken in Theorie und Praxis«, S. 12, gefordert hat.

[2]) Es dürfte den Gießereifachmann, dessen »schmutzige« Arbeit öfter verpönt worden ist, sicherlich freuen, in diesem Zusammenhange anerkennende Ausführungen über das Gießereihandwerk von einem berufenen Wissenschaftler zu hören: Prof. Herkner rühmt in einem Buche: »Die Arbeiterfrage« den handwerklichen Stil des Gießereigewerbes — im Gegensatz zum »maschinengroßtechnischen« Betriebe — aufs höchste: »Das größte Maß von Arbeitsfreude ist mir in denjenigen Berufen entgegengetreten, welche der Individualität des Arbeiters noch eine gewisse Entfaltung gönnen; in denen der Arbeiter das fertige Stück

2. Aber weiter noch muß als zweiter wesentlicher Gesichtspunkt für die systematische Behandlung der Arbeiter- und Lohnverhältnisse geltend gemacht werden, daß gerade das Lohnelement im Gießereibetriebe eine ganz besonders wichtige Stellung im Gebäude der Selbstkostenrechnung einnimmt. Dies hängt damit zusammen, daß in der Gußkostenkalkulation — wie wohl sonst in keinem anderen Industriezweige — die gesamten Fertigungslöhne als grundlegende Verrechnungsbasis anderer Kostenelemente dienen. Darüber wird später noch näher zu sprechen sein.

Soviel steht jedenfalls fest, daß die vorerwähnten Gründe zur Genüge beweisen können, wie sehr es berechtigt, ja sogar ein dringendes Bedürfnis ist, dem Problem der Arbeiter- und Lohnstatistik im Gießereibetriebe eine entscheidende Bedeutung beizumessen; dies um so mehr, als für seine sachgemäße Behandlung bis jetzt noch wenig geschehen ist. Deshalb dürfte es an der Zeit sein, das Versäumte nachzuholen. — Darüber hinaus aber soll es unsere Aufgabe sein, mit allen späteren Sonderbetrachtungen in derart grundsätzlicher und anregender Weise Lösung und Klarlegung der wichtigsten statistischen Hauptfragen zu verbinden, daß es für jeden Praktiker ein leichtes sein wird, daraus seinen Nutzen für eigene Weiterarbeit und Entfaltung auf anderen statistischen Tätigkeitsgebieten zu ziehen. — Das kann vielleicht dazu beitragen, keineswegs allein im Gießereiunternehmen, sondern auch in anderen industriellen Arbeitsgebieten Interesse für die folgenden Ausführungen zu wecken.

4. Die Arbeits- und Lohnverhältnisse in der Gießereiwerkstatt.

Jeder, der die Arbeitsverhältnisse in einem Gießereibetrieb mal kennengelernt hat, weiß, daß die Arbeiter einer Gießerei sich aus folgenden Berufsgruppen zusammensetzen:

1. Schmelzer,
2. Former,
3. Kernmacher,

---

als Werk seiner Hand, seiner Geschicklichkeit, seiner Berufstüchtigkeit ansehen darf; in denen so gewissermaßen noch eine persönliche Beziehung zwischen Arbeiter und Produkt besteht. Diese Voraussetzungen treffen z. B. bei der Arbeit der Former und Gießer zu. Ihre Beschäftigung erscheint, auf den ersten Blick hin, durchaus nicht angenehm zu sein. Die Leute sind oft einem erheblichen Temperaturwechsel ausgesetzt, sie haben viel mit nassem Sand und Kohlenstaub zu hantieren, also schmutzige Arbeit zu verrichten. Trotzdem waren die Former, die ich kennen lernte, mit Leib und Seele bei ihrem Berufe. Die Anfertigung von Gußformen erfordert, wenn sie von einzelnen Arbeitern nach Zeichnungen ausgeführt wird, eine erhebliche Betätigung von Intelligenz. Ganz besonders ist es die Spannung bei dem Guß selbst: Wird der Guß gelingen, wird das Werk den Meister loben? — welche mächtige Reize in das Arbeitsleben trägt.« — (S. 34).

4. Putzer,
5. Hilfsarbeiter,
6. Modelltischler.

Mit diesen sechs Arbeitergruppen und ihren Tätigkeiten haben wir es also im folgenden zu tun. Zum richtigen Verständnis der späteren Beispiele mit praktischen Lohnzahlen erscheint es unerläßlich, in aller Kürze einen Hinweis auf die Löhnungsmethoden in der Gießereiwerkstatt zu geben und einige Worte über die Lohnverrechnung für obige Arbeitsgruppen anzuschließen. Auch für den Fachmann soll damit eine Wiederbelebung von Lohnproblemen verbunden werden, die es immer wieder verdienen, beachtet und durchdacht zu werden.

a) Lohnbemessung.

Es gibt unter den besagten Berufen:

1. einen, in dem die Arbeiter fast ausschließlich im Zeitlohn bezahlt werden; dies sind die Hilfsarbeiter. Ihre Entlöhnung nach Maßgabe der aufgewandten Zeit hängt mit ihren Tätigkeiten in der Gießereiwerkstatt zusammen. Da sie für sämtliche Handreichungen beim Einformen der Gußstücke und zur allseitigen Unterstützung beim Eisenschleppen, Abgießen, Entleeren der Kästen und Beseitigen von Rohguß oder Schutt bestimmt sind, läßt sich ein anderer Maßstab als Stundenlohn schlecht anwenden.

2. Solche, die ausschließlich Akkordarbeiter umfassen, nämlich die Former und Kernmacher. Ihre Tätigkeit ist kompliziert und schwierig und ihre Bezahlung dementsprechend hoch. Die Former werden durchweg im Einzel- oder Gruppenakkord entlohnt, und zwar für 100 kg oder das Stück. Das ist wertvoll für eine direkte Kostenverrechnung. Man verfährt meist so, daß die leichte und einfachere Arbeitsverrichtung bei schweren Gewichtsklassen für 100 kg, die komplizierte Arbeit dagegen bei entsprechend geringerem Gewicht für das Stück honoriert wird. Was die Kernmacher betrifft, so geschieht ihre Bezahlung vielfach mit den betreffenden Formern gemeinsam im Gruppenakkord; sie erfolgt aber auch in der Weise, daß Massenartikel unter den einzelnen Leuten im Einzelakkord vergeben werden, wenn fortlaufender Bedarf an gleichen Kernen herrscht.

3. Solche, die sowohl aus Stunden- als auch Akkordarbeitern bestehen; hierzu gehören die Schmelzer, Putzer und Modelltischler. In großen Gießereien, wo die fortwährende Begichtung für dauernden Schmelzgang stetig Arbeitskräfte erfordert, werden die Schmelzer im Akkordlohn, der nach den Einsatzmengen gemessen wird, entlöhnt. In kleinen Gießereien dagegen, wo das Schmelzen unregelmäßig erfolgt und die direkte Beschäftigung für die Schmelzung sehr schwankend ist, wird es vorgezogen, sie stundenweise zu bezahlen. — Im Falle der Putzer läßt sich die zwiefache Handhabung ihrer Lohnbemessung

dadurch erklären, daß für Gußreinigungsarbeiten die mannigfachsten Maßstäbe in Anwendung gebracht werden können. Einmal kommt der Akkord nach Stück, Zahl oder Gewicht vor. Dabei ist es üblich, für größere Gußteile Stückpreise zu gewähren; nur die kleineren Stücke werden nach Gewicht bezahlt. Sobald die Schwierigkeit der Formgestalt für die Arbeit sowohl der Putzer und der Former, der Natur der Stücke entsprechend, ziemlich gleich ist, liegt es nahe, das Gewicht als Bemessungsgrundlage für beide zu nehmen. Verfährt man darnach, so ist es klar, daß sich zwischen den Akkorden der Putzer und denen der Former ein fester, zahlenmäßiger Verhältnissatz ausbilden muß[1]. — Andererseits findet man aber häufig noch Zeitlöhne mit den Putzern vereinbart; vor allen Dingen dann, wenn es mehr auf Qualitäts- als Quantitätsarbeit ankommt. — Dieser Gesichtspunkt ist in gleicher Weise maßgeblich für die Lohnbemessung der Modelltischler; was ihre Arbeitsverhältnisse betrifft, so erübrigen sich weitere Ergänzungen der obigen Schilderungen, weil die Lohnbedingungen in der Tischlerei im allgemeinen ähnlich liegen wie bei den Putzern. Deshalb findet sich auch hier Zeit- und Akkordlohn nebeneinander.

Allerdings muß dem hinzugefügt werden, daß grundsätzlich jede Akkordentlohnung im industriellen Arbeitsprozeß einen Vorzug vor dem Zeitlohn verdient. Nicht zuletzt ist diesem Umstand vom Standpunkt einer möglichst vollkommenen Lohnverteilung im Rahmen der Kostenrechnung größte Beachtung zu zollen. Denn je größer die Zahl der festumrissenen Lohngrößen für ein Arbeitsstück ist, um so leichter fällt es, die genaueste Form der Kostenrechnung: eine direkte Stückkalkulation in Anwendung zu bringen[2]. — Dabei erhebt sich die Frage, in welcher Weise gerade das uns interessierende Problem der Lohnverteilung in der Kostenrechnung Behandlung erfährt.

b) Die Löhne in der Gießerei-Selbstkostenrechnung.

Nachdem der Verein Deutscher Eisengießereien durch die Ausgestaltung und ständige Weiterentwicklung kostentheoretischer Erwägungen für die Schaffung einer praktisch brauchbaren Gießereikostenrechnung in der »Harzburger Druckschrift« gesorgt hat[3], ist es heute nicht mehr schwer, über derart kalkulatorische Einzelfragen

[1] Hier wäre also — wenn wir einmal die praktischen Folgerungen aus den vorangegangenen Darlegungen ziehen wollen — der gegebene Anlaß, zwischen beiden Arbeitsgruppen Verhältniszahlen zu ermitteln, um sie einer richtigen, wechselseitigen Lohnbemessung nutzbar zu machen. Vgl. darüber unsere späteren Ausführungen im Abschnitt: Verhältniszahlen zwischen einzelnen Lohngruppen.

[2] Aus diesen Gründen hat bekanntlich Ludw. Loewe neben den Former-Kernmacher- und Putzerakkorden bereits seit langem Akkordentlöhnung für Schmelzer, Sandmacher und sämtliche Transportarbeiter eingeführt. Vgl. Lilienthal, a. a. O., S. 124.

[3] Es sei gleichzeitig auf das neue Buch von Dr.-Ing. Lischka: »Selbstkostenrechnung in der Gießerei« München 1926 im gleichen Verlage besonders verwiesen.

— wie die Lohnverrechnung — klarzuwerden. Es braucht nicht betont zu werden, daß unsere Behandlung der Lohnstatistik auf alle Ausführungen der Harzburger Druckschrift, die sich mit dem Lohnproblem befassen, zurückzugreifen hat und darauf fußt.

Was sagt nun die Harzburger Druckschrift betreffs der Löhne für die Gußerzeugung? — Da die Schmelzung des Roheisens nach Lage der Verhältnisse als eigener, in sich abgeschlossener Herstellungsvorgang betrachtet werden kann, hat man es als zweckmäßig erachtet, die Aufwände für Schmelzer und Gichtarbeiter in den Kostensammelposten für »flüssiges Eisen« einzubeziehen. Deshalb finden wir den Schmelzerlohn durch die Harzburger Druckschrift bereits in den Materialkosten zur Aufteilung gebracht. Diese Verrechnungsweise ist auch anderweitig im Gießereigewerbe gebräuchlich, wie ältere deutsche und wichtige fremdländische Gießereikostensysteme beweisen[1]). Was die kalkulatorische Erfassung der Hilfsarbeiterlöhne betrifft, so fällt für ihre Verrechnung ebenso wie vorher für ihre Bemessung erschwerend ins Gewicht, daß der stete Wechsel in der Tätigkeit der Hilfsarbeiter keine direkte Verbindung mit dem fertigen Gußerzeugnis zuläßt. Hier ist also im allgemeinen die Möglichkeit einer direkten Kostenverrechnung genommen, und man ist genötigt, zu einer indirekten Aufteilungsmethode zu greifen. Dabei kann der fragliche Lohnanteil entweder dem großen Sammelposten der Betriebsunkosten[2]) oder in Form eines Prozentsatzes einzeln und direkt den Fertigungslöhnen[3]) zugeschlagen werden. — Sehr ähnlich pflegt man im Falle der Modelltischlerlöhne zu verfahren: Nur soweit genaue Stückakkorde über die Modellherstellung für einzelne Aufträge vorliegen, ist es üblich, die entstandenen Kosten dem betreffenden Kunden zu berechnen oder direkt in den Stückpreis mit einzukalkulieren. Bei allen anderen Löhnen dagegen, die zugunsten der allgemeinen Modellunterhaltung aufgewandt werden müssen, zieht man es vor, auf indirektem Wege durch Unkostenzuschläge zu verrechnen. — Zum Schlusse bleibt noch der wichtigsten Gruppe der Arbeitskosten, nämlich der direkten Fertigungslöhne der Former, Kernmacher und Putzer[4]), mit einigen Worten zu gedenken. Inwieweit

[1]) Wir weisen diesbezüglich auf die amerikanische Selbstkostenrechnung, vor allem das erstklassige Gießereikostensystem der National Association of Cost Accountants, New York, das der Verein Deutscher Eisengießereien nach meiner Übersetzung veröffentlicht hat; gleichzeitig die französischen Systeme, z. B.: Nusbaumer, Fonderie Moderne, Juni und Juli 1924, das ebenfalls in einer Übersetzung von mir vorliegt.

[2]) Vgl. Harzburger Druckschrift S. 16.

[3]) Vgl. Lilienthal a. a. O., S. 128.

[4]) Bekanntlich weist die Harzburger Druckschrift darauf hin, daß es irrig ist — wie noch manchmal gebräuchlich — die Putzerlöhne als Betriebsunkosten zu verrechnen. Aus unseren früheren Schilderungen geht hervor, warum die Einbeziehung der Putzerlöhne in die Fertigungslöhne und damit ihre direkte Verrechnung unbedingt einer indirekten Aufteilung als Unkosten vorzuziehen ist.

diesen Lohnteilen eine ganz besonders wichtige Rolle in der Gießereikalkulation zukommt, konnte schon in vorangegangenen Schilderungen kurz angedeutet werden. Wie gesagt, bilden sie erstens einen äußerst prägnanten Posten der Kostenverrechnung selbst und dienen zweitens als Beziehungs- und Aufteilungsgrundlage entweder aller oder zumindest des größten Teils der Betriebsunkosten.

Die Gründe für eine derartige Verrechnung der Unkosten sind nach Angabe der Harzburger Druckschrift folgende gewesen: »Man ist von der Auffassung ausgegangen, daß die Betriebsunkosten, gleichviel welche der Unterabteilungen in Frage kommt, mit der Höhe der Fertigungslöhne steigen oder fallen.« Eine derartige direkte Verbindung zwischen Unkosten und Löhnen scheint zu bestehen. Denn nur so erklärt sich die Tatsache, daß die meisten Kalkulationssysteme — wie sie in Deutschland oder in anderen Ländern entwickelt worden sind, — eben die drei erwähnten Lohngruppen als sog. »produktive Löhne« in den Mittelpunkt der Kostenberechnung stellen und mehr oder weniger alle anderen Selbstkostenelemente auf sie beziehen[1]).

Wozu hat man diese Beziehung gewählt und welche Gedanken liegen ihr zugrunde? Wie wir wissen, drückt sie nichts anderes als die Tatsache aus, daß eine direkte Relation zwischen den Betriebsunkosten und der »Formschwierigkeit« von Gußwaren konstatiert worden ist. Zu dieser grundlegenden Erkenntnis ist man — allerdings nicht ohne Einschränkung — durch lange praktische Erfahrungen gekommen; denn immer wieder ergab sich, daß gerade durch die Schwierigkeit der Formgebung sowohl die Höhe der Fertigungslöhne als die der Unkosten aufs nachhaltigste beeinflußt werden. Tatsächlich ist es ja die Regel, daß die Löhne bei einfachen Stücken niedrig sind; je vielgestaltiger aber ein Stück wird, um so mehr erhöhen sie sich. Was nun die zugehörigen Unkosten angeht, so kann man mit der Harzburger Druckschrift ohne weiteres annehmen, daß einfache Gußstücke in den meisten Fällen geringere Ansprüche an die Betriebsunkosten stellen, während außerordentlich schwierige Kernarbeit viel höhere Ausgaben an Kleinmaterial erfordert; hierdurch werden alle Betriebsanlagen intensiver beansprucht und höhere Unkostenlöhne verursacht. Zweifelsohne treffen diese Verhältnisse im allgemeinen zu, so daß einer demgemäßen Aufteilung der Betriebsunkosten nach Maßgabe der Fertigungslöhne in der Praxis keine weiteren Schwierigkeiten entgegenstehen. Deshalb hat auch diese Verrechnungsweise, schon wegen ihrer Einfachheit, alle umständlicheren Methoden aus dem Felde schlagen können, selbst wo man — vom exakt wissenschaftlichen Standpunkt — über die Mängel einer daraus entspringenden schematischen Aufteilung völlig im klaren gewesen ist.

---

[1]) Vgl. Harzburger Druckschrift, Winkler, Messerschmidt, Nusbaumer usw.

5. Praktische Angliederung der Lohnstatistik an die Buchhaltung.

Nach Abschluß der obigen Einführungen sind wir soweit, jeweilig die Folgerungen aus dem Vorangegangenen ziehen zu können und danach Aufbau und Ausgestaltung einer Arbeiter- und Lohnstatistik praktisch in Angriff zu nehmen. Dabei ist bei denjenigen Ausführungen anzuknüpfen, die vorausschickten, daß jede betriebswirtschaftliche Statistik bestrebt sein soll, ihr Material aus bereits vorliegenden Aufzeichnungen der beiden anderen Rechnungszweige, Buchhaltung und Kalkulation, zu schöpfen. Gerade in unserem Falle muß der Innehaltung dieser Regel eine ganz besondere Aufmerksamkeit geschenkt werden, weil hier nämlich auf einfachste und beste Weise die wünschenswerte ökonomische Angliederung erzielt werden kann.

Bekanntlich ist für alle Arbeiter- und Lohnangaben die Buchhaltung als Ausgangspunkt und beste Quelle einwandfreier Lohnzahlen anzusehen. Bei ihr finden sich nämlich die feingegliederten Einzelzahlen über die bezahlten Löhne mit jener unbedingten Zuverlässigkeit vor, wie sie durch die zwangsläufige Selbstkontrolle der doppelten Buchführung gewährleistet wird. Hier wird die Statistik stets ihren Ausgang nehmen können, sobald nur die Frage der buchhalterischen Organisation einigermaßen sinnvoll und zufriedenstellend gelöst worden ist.

Was dies angeht, glauben wir, daß in sämtlichen Betrieben der größte Teil aller erforderlichen Grundlagen bereits vorhanden ist; denn in bezug auf die Arbeiter- und Lohnverhältnisse pflegt die Methodik der Buchhaltung wenig unterschiedlich zu sein. In jedem Werk gibt es eine Lohnabteilung, deren hauptsächlichste Aufgabe darin besteht:

1. Die Personalien und jeweiligen Tätigkeiten der Arbeiter festzustellen,
2. die Anzahl der Beschäftigten und ihre geleisteten Arbeitszeiten zu ermitteln,
3. die Tariflöhne und einzelnen Akkordabmachungen aufzuzeichnen,
4. den effektiven Verdienstlohn jedes Arbeiters zu berechnen.

Dazu ist zu sagen, daß die unter 2 genannten Feststellungen über Arbeiterzahlen und jeweils geleistete Arbeitsstunden aus Gründen der Arbeitsüberwachung vollzogen zu werden pflegen. Die Praxis hat gelehrt, daß ein ordnungsmäßiger Lauf der Produktion nur durch eine umfangreiche Kontrollorganisation innerhalb des Betriebes zu bewerkstelligen ist. Weil die Arbeitskosten eine Funktion der Zeit sind, muß die Betriebskontrolle stets mit einer Überwachung der Anwesenheit der Arbeitenden beginnen. Wenn auch allenthalben die spezifische Form oder das Maß der daraus entspringenden Arbeiterzahl- oder Anwesenheitsermittlungen verschieden ist, so ist organisatorisch bereits in allen Betrieben die Frage der Arbeiter- und Arbeitszeitkontrolle gelöst. Sei es, daß einfache Arbeiterkontrollbücher aus der Werkstatt oder Karten von mechanischen

Anwesenheitsliste

Bestand bei letzter Meldung

heutiger Zugang

heutiger Abgang

Total

Davon sind anwesend

*Mit Entschuldigung abwesend *)*

*Ohne Entschuldigung abwesend **)*

*Auf Urlaub ***)*

*)

**)

***)

Berlin, d

Unterschrift

Vorderseite

Zugang

Nr.	Name	Abteilung

Abgang

Nr.	Name	Abteilung

Rückseite

Formular 1.

Kontrolluhren als Unterlage dienen, in beiden Fällen ist die Lohnbuchhaltung in den Stand gesetzt, aus ihnen alle nötigen Aufzeichnungen über die Anwesenheit der Arbeiter zu sammeln und eine genaue Zusammenstellung der Arbeiterzahlen nach einzelnen Abteilungen vorzunehmen. Für diese Zwecke ist es ratsam, sich des besonderen Formulars einer Anwesenheitsliste (vgl. Formular 1) zu bedienen, welches täglich ausgefüllt und für alle späteren statistischen Auswertungen gesammelt werden kann. Wir sehen also, daß man in dieser Weise durch laufende Aufzeichnungen in den Anwesenheitslisten den Weg für die Arbeiterstatistik aufs beste vorzubereiten vermag.

Kaum schwerer pflegen sich die Verhältnisse bei der Erfassung der Lohnzahlen zu gestalten. Überall ist es gebräuchlich, die Lohnverrechnung auf Grund von Arbeits- oder Akkordzetteln vorzunehmen, die zur Aufnahme aller primären Angaben über Stunden-, Akkord- und Tageslöhne der einzelnen Arbeiter dienen (vgl. Formular 2). An die tägliche Lohnaufrechnung der Akkordzettel schließt sich zum Zwecke der wöchentlichen Lohnauszahlung eine weitere Zusammenstellung und Addition der Löhne in sog. Lohnbüchern oder Lohnlisten an[1]). Hier laufen die einzelnen Lohnteile zu einer Summe zusammen, die man als »Bruttolöhne« zu bezeichnen pflegt. Unter dieser Gruppe sind (wie Formular 3, Spalte 10, deutlich macht) nicht nur diejenigen Beträge zu erfassen, die dem Arbeiter ausgezahlt werden, sondern alles, was ihm an Zeit- und Akkordlohn, an Prämien und Werkzeugkosten zunächst zukommt oder von Verbands- und Sozialabgaben des Arbeitgebers auf ihn entfällt[2]). — Ist in diesem oder ähnlichem Sinne der Lohnaufwand nach einzelnen Arbeiterkategorien in getrennten Listen festgelegt, so hat man die Unterlagen über tägliche und wöchentliche Löhne für die Gußerzeugung beisammen, die man für alle später geschilderten statistischen Auswertungen benötigt. Deshalb sind wir imstande, nunmehr an die Behandlung praktischer Beispiele aus solchen statistischen Teilgebieten, die uns interessieren, heranzugehen.

6. Die Belegschafts- und Arbeiterstatistik.

An erster Stelle haben wir uns mit der Zahl der Arbeiter und dem Belegschaftsbestand zu beschäftigen. Welche Aufgabe der Statistik auf diesem Tätigkeitsfeld erwächst, wurde schon im vorangegangenen Kapitel kurz erwähnt. Vor allem soll das allgemein in modernen Betrieben empfundene Bedürfnis nach einer systematischen und über-

---

[1]) Falls für solche Listen in einzelnen Betrieben noch keine systematischen Rechnungsformulare vorliegen sollten, empfiehlt es sich, etwa einen Entwurf wie Formular 3 zur Einführung zu bringen.

[2]) Vgl. Harzburger Druckschrift, S. 5,6: »Etwaige soziale Zulagen sind selbstverständlich den Fertigungslöhnen zuzurechnen, da solche Zuschüsse doch nur ein Teil tatsächlicher Löhne in anderer Form sind.«

Akkordschein $\frac{\text{Hand}}{\text{Masch.}}$ Former: *Michel*

Woche: 2.—8. Februar

Kom.-Nr.	Pos.	Stück	Benennung	Modell	Lieferterm.	Lohn pro Stück	2.			3.			4.			5.			6.			8.			Wochen-Übersicht	
							Stück[1]	Gewicht[2]	Lohn[3]	Stück	Gewicht	Lohn	Stück	Gewicht	Lohn	Stück	Gewicht	Lohn	Stück	Gewicht	Lohn	Stück	Gewicht	Lohn	Stck.	kg
G 706	5	15	Excenter	KB 58e	5./II.	0,25	6	51	1,50	3	24	0,75	4	30	1,—	—	—	—	2	15	0,50	-	-	—	15	120
							1	8,5	0,19	1	7,8	—													2	16,3
„	8	75	Hebel	KB 101	10/II	0,20	15	15	3,—	9	9,9	1,80	2	1,8	0,40	6	6,1	1,20	5	4,9	1,-	16	16,8	3,20	53	54,5
																			2	2,0	0,40	1	1,3	-,05	3	3,3
G 672	3	5	gr. Mundstücke m. link Flansch	St. C. 6e, 55,	8./II.	3,15	—	—	—	1	352	3,15	1	345	3,15	1	351	3,15	1	350	3,15	1	351	3,15	5	1 749
																										-
G 604	17	10	Rieselplatten	50 621	6./II.	1,70	2	190	3,40	1	97	1,70	2	194	3,40	2	193	3,40	2	194	3,40	1	96	1,70	10	964
										1	96	0,85													1	96
			Gesamtlohn:						8,09			8,25			7,95			7,75			8,45			8,10	Mk. =	48,59

[1]) Wird am Morgen nach dem Ausleeren am Platz ermittelt; in den Halbzeilen erfolgt sogleich Scheidung in Reinguß und Ausschuß.
[2]) Gewichtszahlen können entweder in der Putzerei oder der Expedition ermittelt werden. Sofort erkennbarer Ausschuß ist direkt am Platz, vor Abtransport nach der Gicht, festzustellen.
[3]) Wird täglich im Werkstattbüro ausgefüllt.

Formular 2.

Lohnliste II : Monat Februar 1925

Nr. des Arbeiters	Name	6. Woche : 2.—8. Februar																						Hier folgen Rubriken für 5 Wochen wie Spalte 3—19	Gesamt					
		Stunden	Verdienst				Pfennig-Übertrag	Unternehmer-, Verbands- und Sozial-Abgaben			Brutto-Lohn		Abzüge						Spalte 7—9 *)	Aus-zahlbar		Pfennig-Übertrag			Stunden	Brutto-Lohn		Genossen-schafts-klassen		
			Stun-den		Ak-kord			Krank. Kasse	Ver-sicher.	Ver-band			Steuern	Werkzeug	Strafen	Kranken-kasse	Invalid.-Versich.	Vorschuß												
			Mk.		Mk.						M.	Pf.								M.	Pf.	M.	Pf.			M.	Pf.	1.	2.	3.
1	2	3	4		5		6	7	8	9	10		11	12	13	14	15	16	17	18		19								
38	Michel	53	—	—	48	59	—,73	—,45	—,25	—,10	50	12	1,37	—,50	—	—,60	—,25	10,—	—,80	36	—	—	60							
42	Todt	54	—	—	49	62	—,35	—,45	—,25	—,10	50	77	1,95	—	—	—,60	—,25	—	—,80	47	—	—	17							
43	Renz	51	—	—	47	03	—,08	—,45	—,25	—,10	47	91	1,10	—	—	—,60	—,25	—	—,80	45	—	—	16							
48	Arnheim	56	1	90	48	95	—,22	—,45	—,25	—,10	51	87	0,95	—	—	—,60	—,25	—	—,80	49	—	—	27							
	Summa										200	67	5,37	—,50	—	2,40	1,—	10,—	3,20	177	—	1	20							
	Per *Lohn* an *Kasse*								bez.		—	—	—	—,50	—	—	—	10,—	—	—	—	—	—							
									zu bez.		—	—	5,37	—	—	2,40	1,—	—	—	177	—	—	—							
	Per *Fabrikation* an *Lohn*										200	67	—	—	—	—	—	—	—	—	—	—	—							

*) Spalte 7—9 müssen zur Ermittlung des auszahlbaren Lohnes nachträglich wieder abgesetzt werden.

Formular 3.

sichtlichen Kontrollinstitution befriedigt werden, die geeignet ist, den Betriebsleiter einer größeren Fabrik sowohl in Einzelheiten als in der Gesamtheit über die Arbeiterverhältnisse zu unterrichten. Über Wert und Wichtigkeit einer durchgreifenden Arbeitsüberwachung wurde bereits gesprochen. Daneben aber ist es beachtenswert, daß in einzelnen Gewerbezweigen — wie auch in der Gießerei — innerhalb eines Jahres verschiedene Saisonschwankungen im Arbeiterbestand einzutreten pflegen, die infolge der Geschäftslage teils durch Maßnahmen des Unternehmers, teils durch periodische Abwanderungen der Arbeiter veranlaßt werden. Um speziell hierüber Klarheit zu gewinnen, genügt es natürlich keineswegs, auf die einzelnen und zusammenhanglosen Anwesenheitslisten vertrauen zu wollen und es nur bei ihrer augenblicklichen Werkstatt- und Lohnkontrolle bewenden zu lassen. Erst wenn die einzelnen Daten daraus gesammelt, nebeneinander gestellt und systematisch zu einer Statistik ausgebaut worden sind, wird man in die Lage versetzt sein, für zukünftige Zeiten Folgerungen daraus zu ziehen und rechtzeitig Vorkehrungen treffen zu können. Demzufolge wird es sich immer verlohnen, wenn die Zahlen der Anwesenheitslisten nach bestimmten Gesichtspunkten zusammengestellt und in Tabellen eingeordnet werden. Um so leichter wird es dann gelingen, mit einer graphischen Darstellung die Arbeiterbewegung für mehrere Jahre zu vergleichen und ihre Gesetzmäßigkeiten abzulesen.

Wenngleich — wie wir gesehen haben — das Lohnbureau zur Kontrolle der Lohnberechnung eine tägliche Ermittlung der Arbeiterzahl einleiten wird, so empfiehlt es sich, in der Statistik diese Daten keinesfalls häufiger als wöchentlich — und dann in Form von Durchschnittszahlen — auszuwerten. In den meisten Fällen wird sogar eine monatliche Zusammenstellung auf Grund von Durchschnittswerten genügen.

Um ein Bild über die Ausgestaltung einer Belegschaftsstatistik zu gewinnen, soll ein Beispiel aus einem größeren provinziellen Gießereibetrieb gegeben werden. In Tabelle 1[1]) ist der Arbeiterbestand des betreffenden Unternehmens tabellarisch gruppiert, nach Abteilungen gegliedert und in Berufe aufgeteilt, wiedergegeben worden. — Je größer und ausgedehnter der einzelne Betrieb ist, um so mehr wird sich das Bedürfnis nach einer recht eingehenden Tabellengliederung und Gruppierung herausstellen. Allerdings noch weiter — wie im Beispiel vorgeschlagen — in Einzelheiten zu gliedern, wird sich erübrigen, falls nicht ganz besondere Gründe eine speziellere Unterteilung ratsam erscheinen lassen.

Sicherlich muß es als ganz besonders lohnend gelten, die Ergebnisse aus kritischen Wirtschaftsperioden heranzuziehen und sie interessierten Kreisen zu unterbreiten. Gerade in solchen Zeiten pflegen sich bei einzelnen Unternehmungen die einschneidendsten Rückwirkungen

[1]) Vgl. die Tabellenbeilage am Schluß.

und Einflüsse wirtschaftlicher Erscheinungen bemerkbar zu machen, denen größtes Interesse entgegenzubringen ist. Dafür läßt sich insbesondere aus den Inflationsjahren viel wertvolles Material beibringen. So auch hier im Falle der Arbeiterverhältnisse, wo wir gutzutun glauben, mittels praktischer Zahlen aus dem kritischen Inflationsjahr 1923 nicht allein ein passendes Beispiel für die Belegschaftsstatistik, sondern zugleich ein vielsagendes Bild aus den Zeiten traurigsten wirtschaftlichen Verfalls zu geben. — Drei der wichtigsten Werkstätten und die Zahlen der gesamten Werksbelegschaft aus Tabelle 1 sind in Schaubild I graphisch zur Darstellung gebracht worden. Mit Hilfe des Diagramms ist es leicht, eine Erklärung für die ungeheuerlichen und ungesunden Schwankungen im Arbeiterbestand des betrachteten Betriebes zu finden und den Schaden zu ermessen, der dem einzelnen Unternehmen durch die Geldentwertung zugefügt worden ist.

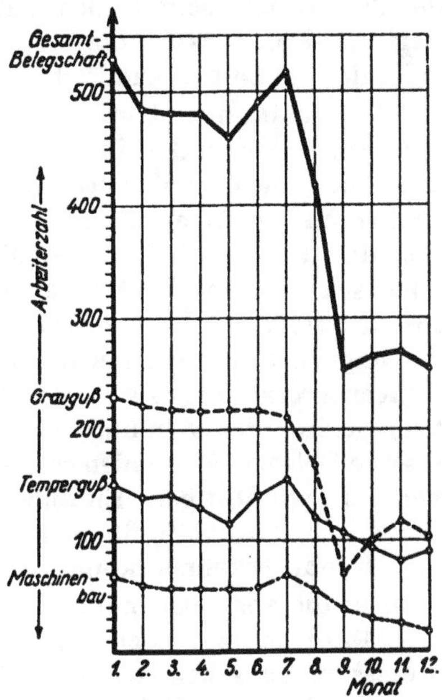

Schaubild I: Kurven des Belegschaftsbestandes 1923.

Das Jahr 1923 ist in dieser Hinsicht besonders lehrreich, weil es den Zeitraum umfaßt, wo das Betriebskapital der meisten Fabriken durch den Niedergang der Mark täglich, fast stündlich dahinschwand und jedem Betriebe die notwendigsten flüssigen Gelder fehlten. So erklärt es sich, daß die Leitung unseres Werkes, trotz günstiger Absatzverhältnisse und gesteigerter Nachfrage am Gußwarenmarkte, durch den ständig sich vergrößernden Kapitalmangel gezwungen war, während des Jahres fortgesetzte Einschränkungen der Produktion vorzunehmen. Die unaufhaltsame Folge dieser Zwangslage mußten Arbeiterentlassungen und Rückgang der Belegschaftsziffern sein.

Allerdings wollte in den Anfangsmonaten des Jahres noch niemand an die Notwendigkeit einer durchgreifenden und damit rücksichtslosen Einschränkung der Arbeitskräfte glauben, — ein Irrtum, der aus dem immer noch vorhandenen Vertrauen in die Mark entsprang und so vielen Unternehmungen zum Verhängnis geworden ist. Man bemühte sich zunächst, die an einigen Plätzen überflüssig werdenden Arbeiter in anderen Abteilungen, denen es noch leidlich ging, unterzubringen. Vor allem die besseren Aussichten im Hufeisengeschäft, welche sich für das Werk im Juni und Juli ergaben, waren ein Anlaß, daß ein Teil der vorhandenen Leute in die betreffenden Temperguß- und Hufeisenabteilungen hinübergenommen wurden. Deshalb ist im Arbeiterbestand der Tempergußabteilung eine schwache Zunahme und ein geringer Anstieg der zugehörigen Kurve im Schaubild festzustellen. — Aber alle Bemühungen der Betriebsleitung, durch interne Umgruppierungen den allgemeinen Rückgang aufzuhalten, wurden infolge der überstürzenden Geldentwertung zunichte gemacht. Es bewies sich, daß die gesamte Kapitalkraft des Betriebes um so krasser und plötzlicher erlahmte, je mehr man vorher versucht hatte, die unheilvollen Wirkungen für die Arbeiterschaft aufzuhalten. So stand die Betriebsleitung zu Beginn des Monats September vor der Notwendigkeit, einen umgehenden radikalen Abbau in sämtlichen Werkstätten vorzunehmen.

Wie man aus dem starken Abfall im Kurvenzug des gesamten Belegschaftsbestandes in unserer graphischen Darstellung entnehmen kann, hat die darauf einsetzende Abbaumaßnahme das Werk im September auf einen erschreckenden Tiefstand gebracht. — Erinnern wir uns, daß zu dieser Zeit der allgemeine Verfall der Fabrikbetriebe zu einer schleunigen Selbsthilfe von seiten der gesamten deutschen Industrie trieb. Um die letzten Reste der Betriebskapitalien vor Entwertung zu schützen, begann man mit der Goldmarkumrechnung der Papiermarkzahlungen über den täglichen Börsenkurs des Dollars. Diese Neuregelung des Zahlungsverkehrs vermochte jedoch — wie wir aus unseren Belegschaftszahlen ersehen können — in keiner Weise irgendeinen merklich wohltätigen Einfluß auf die Betriebsgebarung auszuüben. Der einzige, direkt fühlbare Fortschritt der Goldmarkumrechnung war es, daß man erkennen konnte, was man alles eingebüßt hatte.

Für die abschließende Beurteilung der Arbeiterbewegung zum Ende des Jahres ist hier noch ein Hinweis auf folgendes am Platze: Es ist interessant zu sehen, wie gemäß des Kapitalschwundes die vorher bevorzugte Tempergußabteilung in den späteren Monaten, Oktober und November, auf Kosten der Graugußwerkstätten eingeschränkt worden ist. Die Gründe dafür werden dem Betriebsfachmann klar, wenn er sich vergegenwärtigt, daß der langwierige Temperprozeß durch die beträchtlich längere Festlegung von Kapitalien zu dieser Zeit nicht geeignet erscheinen konnte, die unbedingt erforderliche schnelle Kapitalbewegung und einen eiligen Umsatz zu ermöglichen. Ziehen wir das Fazit unserer Belegschaftsstatistik, so kommen wir zu der traurigen Erkenntnis, daß das Werk zum Jahresende nur noch einen Arbeiterbestand von 254 Arbeitern unterhalten konnte. Dies bedeutete gegenüber dem Stande zu Beginn des Jahres einen Rückgang der Belegschaft um **52 vH** — wahrlich ein beredtes Zahlenzeugnis!

Niemand wird den Wert einer solchen Klarlegung, die sich aus unserer Belegschaftsstatistik ergab, gering veranschlagen. Nur muß man sich davor bewahren, die Erwartungen bezüglich einer einzigen Statistik — wie etwa hier der Arbeiterstatistik — gleich zu hoch spannen zu wollen. Es braucht nicht weiter betont zu werden, daß die Auswertung der Belegschaftsziffern immer nur einen Teilausschnitt aus dem Betriebsorganismus zu geben vermag und keineswegs allein schon ausreichen kann, um primäre Erkenntnisse und direkte Urteile über einen Betrieb zu gestatten. Damit soll gesagt werden, daß neben den Arbeiterzahlen noch andere statistische Auswertungen erforderlich sind. Überhaupt pflegt einer Einzelstatistik erst ein rechter Wert in Verbindung mit anderen statistischen Betriebszahlen zu entspringen.

Weiter ist zu berücksichtigen, daß die Veränderung der Arbeiterzahlen, die Zu- und Abnahme in der Zahl der Beschäftigten, fast ausschließlich als ein sekundäres Moment in der gesamten Betriebsgestaltung gewertet werden muß. Man wird die Arbeiterbewegung wohl stets als eine Folgeerscheinung eines sinkenden oder steigenden Beschäftigungsgrades erkennen können. Andererseits jedoch kann dieser Umstand von statistischen Ermittlungen und Feststellungen über den Belegschaftsbestand nicht entbinden: Als feste Beziehungsgröße für eine weitergehende Lohn- und Leistungsstatistik bildet die Belegschafts- und Arbeiterstatistik den ersten Stein im Gebäude und den Ausgangspunkt für alle weiteren Auswertungen.

7. Die statistische Auswertung von Lohnzahlen.

Erst nachdem also durch die Arbeiterbestandsstatistik genaue Unterlagen gewonnen worden sind, empfiehlt es sich, an weitere statistische Tätigkeiten zu denken und z. B. eine Statistik der Lohnzahlen in Angriff zu nehmen. In sehr vielen Fällen wird sich nämlich für die Lohnstatistik das Vorhandensein von genaueren Angaben über die Arbeiterzahl als unbedingt erforderlich erweisen.

Es liegt auf der Hand, daß man bei einer betriebswirtschaftlich-lohnstatistischen Betätigung ganz bestimmte Ziele zu verfolgen hat; d. h. auch wir müssen beim Entwurf einer Lohnstatistik Rücksicht auf den Standpunkt des privatwirtschaftlichen Arbeitgebers nehmen. Inwieweit dies nötig ist, läßt sich bereits aus den Beweggründen erkennen, die den Anlaß zum Aufbau einer Lohnstatistik im industriellen Fabrikbetriebe geben. Eine Klarlegung der Gründe wird das genügend beweisen.

Wir gehen wohl nicht fehl in der Annahme, daß sich hauptsächlich aus zwei Gründen ein Interesse der Betriebsleitung an der Lohngestaltung in ihren Werkstätten ergeben muß.

1. Es ist bekannt, daß die in einzelnen Gegenden gebräuchlichen Tarif- oder Stundenlöhne fast nie identisch sind mit den effektiven Verdienstlöhnen der Arbeiter, die sich anhand der Arbeitszettel bei der Lohnberechnung ergeben. Sei es, daß die Akkordpreise zu günstig festgesetzt sind, oder besondere Vergütungen und Prämien von dem Betrieb zu tragen sind, in beiden Fällen können sich erhebliche Diffe-

renzen ergeben, ohne daß die Leitung Kenntnis davon hat. Gleichzeitig ereignet es sich sehr oft, daß durch Lohnreklamationen Streitigkeiten und ernste Konflikte entstehen. Derartige Fälle sind so häufig, daß sie grundsätzlicher Vorbeugungsmaßnahmen bedürfen. Leider ist die Buchhaltung mit ihren summarischen und meist zersplitterten Aufzeichnungen auf Konten oder einzelnen Lohnlisten niemals in der Lage, dafür sofort brauchbares Vergleichsmaterial bereitzuhalten oder zutage zu fördern. Hier liegt also ein derartiger Fall vor, wo die innere Gebundenheit und Unzulänglichkeit der buchhalterischen Rechnungsform — was schon anfangs erwähnt wurde — höchst unliebsam in die Erscheinung zu treten pflegt. Deshalb steht außer Frage, daß nur eine systematische und genaue Lohnstatistik bei etwaigen Streitigkeiten eine brauchbare Unterlage zur Klärung der Tatsachen abzugeben vermag. So wird es für beide Parteien, Arbeitnehmer wie Arbeitgeber, von großem Vorteil sein, wenn eine einwandfreie Lohnstatistik besteht, bei der sich beide Teile über die wirklich gezahlten Löhne und die dabei erreichten Verdienste vergewissern können. Nur auf diese Weise wird es möglich sein, Klarheit und Wahrheit zu schaffen, die allenthalben den Angelpunkt gedeihlicher Betriebsentwicklung bilden. In richtiger Würdigung dieses Umstandes rühmt deshalb Zahnbrecher[1]), der als Syndikus des Verbandes Bayrischer Metallindustrieller als eine berufene Persönlichkeit zu gelten hat, die Einsicht derjenigen Unternehmer, die den Wert einer Lohnstatistik zu würdigen wissen und für umfangreiche Nutzanwendung statistischer Zahlen Sorge tragen: »Weitblickende Fabrikanten und Fabrikdirektoren haben von jeher Wert darauf gelegt, zur Aufklärung der eigenen Arbeiter bezw. der Arbeiterabordnungen eingehende Lohnstatistiken ausarbeiten zu lassen[2]).« — So sehen wir, wie dem Wunsche, in objektiver und gerechter Weise mit der Arbeiterschaft verhandeln zu können, notwendigerweise das Bedürfnis nach genauen statistischen Aufzeichnungen entspringen muß.

2. Als zweiter Beweggrund für die Einrichtung einer Lohnstatistik kommt in Frage, daß, vom betriebswirtschaftlichen Standpunkte aus, der Lohn den Preis für eine Arbeitsleistung, einen Teil der Produktionskosten, darstellt. Folgerichtig zieht dieser Umstand nach sich, daß die Betriebsleitung mit allen Mitteln, unter Ausnutzung der Ergebnisse betriebswissenschaftlicher Forschung, bestrebt sein muß, die Löhne als Kostenbestandteile einer stetigen Kontrolle zu unterziehen. Dazu kann gleichfalls nur eine sachgemäße Statistik verhelfen.

Nachdem Klarheit darüber gewonnen ist, wo die beiden Interessenszentren betriebswirtschaftlicher Lohnstatistik liegen, kann es nicht

---

[1]) Anm. d. Verf.: Es handelt sich bei seinem Buch über Lohnstatistik, das im Jahre 1913 erschienen ist, nicht um eine Behandlung einer »betriebswirtschaftlichen Lohnstatistik«, sondern um Richtlinien für eine volkswirtschaftliche »Verbands- oder Vereinsstatistik«.

[2]) Vgl. Zahnbrecher S. 41.

schwer fallen, die Folgerungen für ihre praktische Ausgestaltung zu ziehen. Einerseits haben wir gesehen, wie sich die Notwendigkeit einer Verdienstlohnüberwachung ergibt. Daraus folgt für die Statistik, daß sie auf einen Vergleich der absoluten Verdienstlohnzahlen miteinander und zueinander ausgehen muß. Andererseits wird es zur Bedingung, infolge der Kostenrelation der Löhne eine Lohnkostenkontrolle in die Wege zu leiten. Eine solche wird letzten Endes auf eine statistische Erfassung der Lohnkosten für die Erzeugungseinheit hinauslaufen.

Unsere Aufgabe wird es nun sein, in den folgenden Darlegungen der sachlichen Trennung nach obigen Gesichtspunkten gerecht zu werden. Eine Gliederung hinsichtlich

1. einer Verdienstlohnstatistik,
2. einer Lohnkostenstatistik

ist damit gegeben.

8. Die Statistik im Hinblick auf die Verdienstlöhne.

Bevor wir mit den Darlegungen einer praktischen Verdienstlohnstatistik beginnen, ist grundsätzlich noch einmal einiges über die Technik ganz speziell bei der statistischen Aufbereitung von Lohnzahlen zurückzurufen und nachzufügen. Es geht bereits aus unseren Ausführungen zu Beginn der Arbeit hervor, daß diese in zweifacher Weise erfolgen kann:

Einmal vermag die direkte Betrachtung von absoluten Lohnbeträgen einzelner Arbeitergruppen in verschiedenen Zeiträumen dienlich zu sein.

Zweitens soll die statistische Aufbereitung der Lohnzahlen dazu führen, daß die Ermittlung und Beobachtung von Verhältniszahlen, wie sie sich aus der Beziehung der Löhne untereinander ergeben, in den Kreis der dauernden statistischen Arbeiten gebracht werden. Eine Umrechnung von absoluten Größen in Verhältniszahlen war ja überall dort als ratsam bezeichnet, wo zwischen einzelnen Zahlen eine kausale oder logische Beziehung besteht.

Neben diesen uns schon bekannten Richtlinien für die rechnerische Bearbeitung der Lohnergebnisse bedarf es noch eines neuen und ganz besonderen Hinweises auf folgendes: Wenn man an die Überprüfung und Vergleichung absoluter Zahlen herangeht, so wird man — ganz allgemein — nicht umhin können, dabei nach einer Beziehungsgröße zu suchen, die geeignet ist, einen allgemein gültigen Maßstab für die absoluten Zahlen zu geben. Das heißt, es muß eine Normgröße ermittelt werden, die als Sollwert den Untersuchungen zugrunde gelegt werden kann. Für das Gebiet der Verdienstlohnstatistik wird die Ermittlung eines Normlohnwertes in der Betriebspraxis keine großen Schwierigkeiten machen. Wir wissen, daß insonderheit bei allen Arten der Lohnverrechnung ein Normleistungs- oder Normarbeitswert — nach Maßgabe der Leistung eines Durchschnittsarbeiters[1]) — für die Lohnfestsetzung gebraucht wird. Um an dieser Stelle nicht bereits mit ausführlichen Schilderungen über den Leistungsnormwert späteren Ausführungen im Rahmen der Leistungsstatistik vorzugreifen, müssen wir uns jetzt mit einem Hinweis auf ihn begnügen. Dies genügt, um uns die Richtung anzudeuten, in welcher wir den Lohnnormwert für die Lohnstatistik zu suchen haben. Überall ist es ja bei der Lohnfestsetzung gebräuchlich, auf Grund eines durchschnittlichen Leistungswertes eine bestimmte durchschnittliche Lohnhöhe in Anrechnung zu bringen und darnach Akkord- oder Stundenlöhne zu bemessen. Das heißt, daß man in der Praxis schon immer den voraussichtlichen Zeitverbrauch zusammen mit der darin erzielbaren Solleistung abschätzt und dafür einen auskömmlichen Lohnsatz (pro Tag oder pro Stunde) berechnet. Dadurch ist für unsere Zwecke eine Richtlinie zur Taxierung oder Berechnung der gewünschten Lohnnorm, die als Beziehungsgröße für die effektiven Verdienstlöhne gelten kann, geschaffen. In Fällen, wo Zeitstudienunterlagen bestehen, bietet die Normbestimmung naturgemäß die geringsten Schwierigkeiten, weil dort für einen Kreis von Arbeitsverrichtungen die jeweilig optimalen Leistungszeiten mit zugehörigen Löhnen genau festliegen. — Anderweitig kann die Norm aber auch folgendermaßen ermittelt werden: Man geht aus von dem üblichen Tariflohn einer bestimmten Arbeiterkategorie, — zu dem ein jeweils variabler Zuschlag für Akkordleistung hinzukommen kann. Setzt man für den Arbeiter dementsprechend und nach Maßgabe der für seine Tätigkeit erfahrungsgemäß benötigten Zeit einen Durchschnittslohn pro Tag oder Stunde an, so stellt dieser Satz einen passenden Normwert dar, um den der Istlohn tendieren wird. Ein demgemäß ermittelter Normsatz soll natürlich niemals zu der Annahme verleiten, daß es sich bei ihm um eine absolute Lohn- oder Akkordgrenze handelt, die man unbedingt einhalten muß. In der Praxis ist die Höhe der effektiven Verdienstlöhne von einzelnen Arbeitern weder genau vorauszubestimmen noch zu begrenzen; sie werden mal höher, mal niedriger als die Normgröße sein. Trotzdem aber besteht eine gewisse Zwangsläufigkeit für die Innehaltung der Norm, erstens aus Gründen der Lohnpolitik, zweitens weil nach dem bekannten statistischen »Gesetz der

---

[1]) Anm. d. Verf.: Hier und im folgenden wird mehrmals auf die Zeitwertbestimmung von O. Fahr in seinem Buch: »Einführung von Zeitstudien« Bezug genommen; d. h. wir bauen bei unserer Statistik auf den theoretischen Grundlagen der sog. Optimamethode für Zeitwertermittlungen auf. Diese Methode zieht bekanntlich einen Durchschnittsarbeiter für die Zeitstudie heran, im Gegensatz zu der Michel'schen Minimamethode, die die Leistung des »besten« Arbeiters als maßgeblich betrachtet. Vgl. darüber die Ausführung bei Fahr, S. 22 bis 25.

großen Zahl« für größere Zeiträume und vor allem für eine Mehrzahl von Arbeitern jeweilige Einzelschwankungen gegenseitig aufgehoben und ausgeglichen zu werden pflegen. Deshalb dürfen unter normalen Umständen keine erheblichen Abweichungen eintreten. Die Feststellung, ob dies in der Praxis auch immer zutrifft, bleibt der Statistik vorbehalten.

Hat man die oben geschilderten Vorbedingungen einer praktischen Auswertung von Lohnzahlen erfüllt, dann wird ein statistischer Vergleich der Verdienstlöhne mit dem Normwert leicht vorgenommen werden können. Dabei wird man in der Regel wohl selten einen einzelnen Arbeiter allein, sondern immer ganze Arbeitsgruppen betrachten und zusammenfassen. Daraus ergibt sich, daß für solche Sammelstatistiken, je nach Beschaffenheit des Arbeitspersonals, die Zusammenrechnung aller einzelnen Lohnnormwerte der einbegriffenen Arbeiter erfolgen muß. Sobald es sich um Leute mit gleichartigen Tätigkeiten und Tariflohnsätzen handelt, wird für jeden unter ihnen derselbe Normwert in Frage kommen; d. h. die Ermittelung des Summennormwertes ist durch einfache Additionsrechnung zu erledigen. Häufig allerdings wird sich, an Stelle dieses leichten Verfahrens, die Notwendigkeit einer Kombination von mehr oder weniger unterschiedlichen Einzelnormwerten ergeben. — Alle übrigen, zum Vergleich mit dem erhaltenen Summenwert benötigten Zahlenangaben über die zugehörigen effektiven Verdienst- oder Bruttolöhne sind aus den buchhalterischen Aufzeichnungen in den Lohnlisten zu entnehmen (vgl. Formular 3, Spalte 10).

Um eine Anschauung für die praktische Nutzanwendung unserer theoretischen Anleitungen geben zu können, wollen wir zur Behandlung eines Betriebsbeispiels übergehen. Wir greifen dabei auf das statistische Zahlenmaterial einer Graugießerei zurück. Die Betriebsverhältnisse für den Zeitraum unseres Beispiels brachten es mit sich, daß eine besondere wechselseitige Beziehung zwischen den Arbeitsgruppen der Former, Kernmacher und Hilfsarbeiter bestand, die allgemeines Interesse verdient. Aus diesem Grunde erschien es zweckmäßig, drei kurze Beispiele an Hand des Lohnanteils der fraglichen Arbeitergruppen zu liefern.

a) Beispiel für die Formerlöhne.

In Tabelle 2 der Tabellenanlage wurden für eine zweiwöchentliche Arbeitsperiode die täglichen Bruttolöhne der Former, Kernmacher und Hilfsarbeiter zusammengestellt. Die Tabellenwerte und die darauf basierenden graphischen Auswertungen in Schaubild II bis IV weisen uns nach, in welchem Maße der Former durch seine Tätigkeit den Rhythmus im gesamten Arbeitsgange der Gießerei bestimmt.

Nach den Angaben der Tabelle, Spalte 1, finden wir in der bestimmten Gießereiabteilung, welche betrachtet werden soll, 30 Former und 4 Lehrlinge tätig. Der durchschnittliche Lohnnormwert für diese Belegschaft, über dessen Entstehen aus der Akkordberechnung wir bereits gesprochen haben, erscheint in unserem Schaubild als Sollverdienstlinie, die zwangsläufig mit dem Bestand der Arbeiter steigt und fällt. (Da es sich in diesem Falle um eine Mehrzahl von Arbeitern handelte, mußte der Lohnnormwert als eine Summenzahl aus den Werten der einzelnen Arbeiter ermittelt werden. Dabei versteht es sich von selbst, daß die Lohnwerte der mitbeschäftigten Lehrlinge, ganz im Sinne der obigen Ausführungen, nach Maßgabe ihrer jeweiligen Tariflohnsätze festgestellt wurden). Dem Normwert gegenüber stehen die effektiven Bruttolöhne, die als zweiter Kurvenzug in die graphische Darstellung übernommen worden sind. Unter geregelten Betriebsverhältnissen, bei gleichmäßig laufender Gußproduktion muß darauf geachtet werden, daß diese Kurve sich ungefähr in der Höhe der Sollinie hält, ohne sehr darunter noch darüber hinauszugehen.

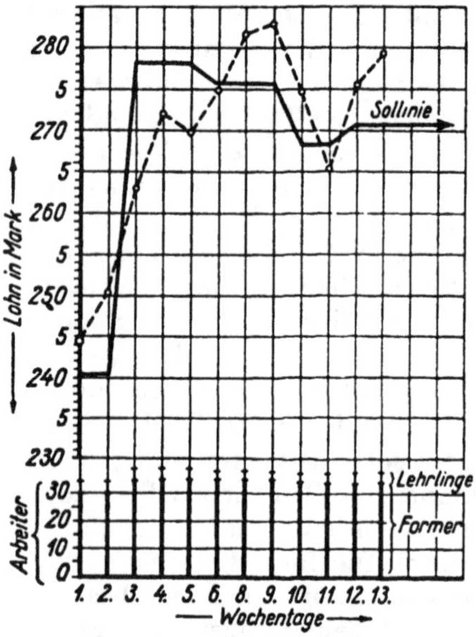

Schaubild II. Verdienstlohnkurve der Former.

Da die allgemeine Betriebslage von großem Einfluß auf die Lohngestaltung sein kann, wird es für die kritische Bewertung einer Verdienstlohnkurve zur Bedingung, gleichzeitig die jeweilig maßgeblichen Arbeitsverhältnisse zu betrachten. Unser Beispiel wird ein Bild von dem engen Zusammenhang zwischen Lohnergebnissen und Betriebsverhältnissen geben können.

Für die Formerei hatte man mit folgendem Sachverhalt zu rechnen: Zu Anfang der Betrachtung waren die angegebenen 30 Former und 4 Lehrlinge ausreichend gewesen, um die bisher auf sie entfallende Formarbeit zu erledigen. — Dieser ausgeglichene Arbeitsstand änderte sich am 3. Tage. — Aus Gründen einer Produktionsumstellung auf neuartige Gußteile, welche um diesen Zeitpunkt in der betreffenden Formereiabteilung eingeleitet worden war, hatte sich die Notwendigkeit ergeben, aus einer anderen Abteilung 5 neue Former hinzuzuziehen, um den vergrößerten Auftragsbestand zu bewältigen.

In Anbetracht der Tatsache, daß die Einführung von neuen Modellen stets Schwierigkeiten bei der ersten Einformung hervorruft, war für die ersten Tage ein wenig günstiges Arbeitsergebnis zu erwarten. Solange die Former mit den besonderen Eigenheiten der neuen Gußstücke noch nicht vertraut waren, mußte sich eine relativ schlechte Reingußleistung ergeben. Dementsprechend hielten sich die effektiven Verdienstlöhne in den ersten Tagen niedrig und folgten nur langsam der Sollinie nach oben.

Am 8. Tage waren die Former soweit eingearbeitet, daß alle Hemmungen von ihrer Seite überwunden werden konnten; dies wirkte sich darin aus, daß die Leute durch gute Arbeit ihren Verdienst über den Normsatz hinaus zu steigern vermochten. Die damit zusammenhängende leichte Überschreitung des Solls innerhalb der nächsten Tage bot für die Betriebsleitung keinerlei Grund zu Besorgnissen. — Es gehörte zur Praktik des betreffenden Gießereileiters, einen gewissen Spielraum nach oben gerne zuzulassen. — Nur am 12. Tage war eine gegenteilige Bewegung der Kurve, ein zwar wenig erheblicher, doch klar erkennbarer Abfall unter die Norm dazu geeignet, die Aufmerksamkeit zu erregen. Die Erklärung für diesen Rückgang der Formerverdienste war an diesem Tage in einer hohen Ausschußziffer zu suchen. Durch eine plötzliche Störung im Kupolofen war man gezwungen worden, viel mattes Eisen zu vergießen. Unter solchen Umständen blieb eine erhöhte Ausschußmenge unvermeidlich. Da aber keinerlei Verschulden der Former vorlag, mußte fast der volle Lohn für die Formarbeiten durch das Werk vergütet werden. So kam nur ein geringer Lohnabfall am 12. Tage zustande.

b) Beispiel für die Kernmacherlöhne.

Geht man nun daran, die Verdienstlöhne der Kernmacher zu einer Gegenüberstellung heranzuziehen, damit die weiteren Auswirkungen der Geschehnisse in der Formerei bei ihnen erkennbar werden, so kommt man zu folgendem Ergebnis: — (vgl. die Zahlen in Tabelle 2, Spalte 4 bis 6, und Schaubild III).

Die vorerwähnte Umstellung in der Gußfertigung und die dadurch bedingte Erhöhung der Formerzahl machte bei den Kernmachern eine Vergrößerung der Arbeiterzahl nicht notwendig. — Für die neuen Gußstücke wurden zwei verschiedene Größen gleichartiger Kerne benötigt. Dieses Kernmaterial konnte, nach vorherigem Ermessen, von den vorhandenen 8 Leuten und 2 Lehrlingen reichlich geliefert werden.

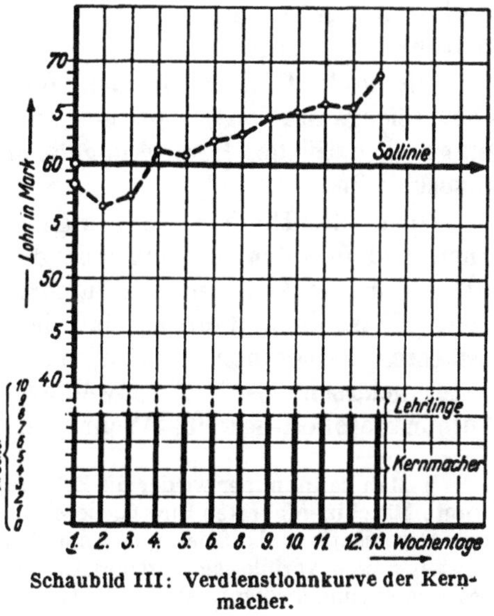

Schaubild III: Verdienstlohnkurve der Kernmacher.

Nach der Festsetzung der beiden Akkorde durch den Meister hatte man die Arbeit unter die Kernmacher und Lehrlinge verteilt.

Gleichermaßen wie bei der Gruppe der Former bewies die graphische Darstellung laut Schaubild III, daß die Kernmacher bei der Einarbeitung zu Beginn der neuen Fertigung nur Verdienstlöhne erreichten, die unterhalb des Solls lagen. Nachdem jedoch am 4. Arbeitstage die Sollinie erst einmal überschritten werden konnte, zeigte die Kurve auch weiterhin eine steigende Tendenz. Sie hob sich in den folgenden Tagen sogar so weit, daß am 13. Tage ein anormaler Überschuß ausgewiesen wurde.

Eine daraufhin durch den Statistiker eingeleitete Untersuchung vermochte bald Klarheit über diese Erscheinung zu bringen. Kaum daß die Kernmacher mit ihrer neuen Arbeit vertraut waren, hatten zwei aus ihrer Reihe herausgefunden, daß bei sachgemäßer Herstellung die vom Meister vorkalkulierte Arbeitszeit für eine der beiden Kernsorten abzukürzen war. Daß diese Methode zur Erreichung eines Mehrverdienstes bald Allgemeingut sämtlicher Kernmacher wurde, ist nicht verwunderlich. So stand man am 13. Tage vor der Tatsache, daß alle Leute — mit Ausnahme der Lehrlinge — ihren Vorteil eifrig nutzten und eine einseitige Mehrleistung hervorbrachten. Diese hatte allerdings bereits die Aufmerksamkeit des Meisters erregt, aber vorläufig bei ihm noch keinerlei Erklärung gefunden.

Nicht ohne Grund ist für unsere Schilderungen auf ein derart drastisches Beispiel aus einer Kernmacherei zurückgegriffen worden. Es lag in unserer Absicht, an Hand statistischer Zahlen einen Einblick in typische Werkstattverhältnisse zu gewähren, wie sie trotz aller neuzeitlichen Bestrebungen zwar noch häufig zu finden, aber keineswegs gutzuheißen sind.

Die volle Einsicht in den allgemein unbefriedigenden Stand der Gießereiorganisation[1]) legt es nahe, auch im Rahmen unserer Arbeit einige prinzipielle Bemerkungen an unsere statistischen Ergebnisse anzuschließen.

Noch allenthalben sieht man, daß in den Gießereien die Meister einen bedeutenden Einfluß auf die Akkordverhältnisse ausüben, der oft in krassem Widerspruch zu ihrer Vorbildung und ihrer Befähigung steht. Es ist ihnen dadurch, daß sie die Akkordpreise ganz nach eigenem Ermessen bestimmen können, eine maßgebliche Macht über den Arbeiter gelassen. — Viel zuwenig wird diesem persönlichen Moment Aufmerksamkeit gezollt! Wenn man mit der obigen alten und unrühm-

---

[1]) Man kann immer wieder die Erfahrung machen, daß selbst große und weit bekannte Maschinenfabriken ihre Gießereien in allen Fragen der Selbstkostenrechnung und Organisation als Stiefkind behandeln. Während der Maschinenbau in den meisten Fällen vorbildlich durchorganisiert ist und sich aller Hilfsmittel moderner Betriebsführung bedient, steht die Gießerei völlig vernachlässigt im Hintergrund.

lichen Methode der Akkordfestsetzung durch die Meister bisher nur einen runden Gewinn erzielen konnte, so war man von dem Wert derselben vollständig überzeugt. Man dachte nicht daran, trotz mannigfacher Streitigkeiten an dieser so überaus prekären Stelle im Betriebsorganismus Wandel zu schaffen. Dies stand um so mehr im Gegensatz zu den ganz besonders großen Schwierigkeiten, die bei der Lohnfestsetzung für komplizierte Guß- und Kernwaren obzuwalten pflegen; denn bekanntlich bilden gerade diese Schwierigkeiten den Hauptgrund aller Streitigkeiten in der Gießerei.

Jeder Gießereifachmann weiß, wie schwer es ist, nur auf Erfahrung und Fachkenntnis bauend, einen richtigen Akkordpreis für schwierige Gußstücke im voraus zu treffen, wie es der Meister tun soll. Hat sich dieser nun mal, wie in obigem Falle, in seiner Vorkalkulation geirrt, so befindet sich die Betriebsleitung in einer unangenehmen Lage. Im allgemeinen muß der einmal vereinbarte Lohn unter allen Umständen bezahlt werden; es ist keineswegs statthaft, einen bewilligten Akkordsatz nachträglich herabzusetzen, weil der Meister ihn fälschlich zu hoch angenommen hat. Andernfalls widerspräche es den Zwecken und Zielen der Akkordmethode, wenn man Praktiken zur zweiten Gewohnheit erhöbe, die darin gipfeln, erst die Akkorde aus dem Handgelenk zu machen und später die Sätze zu schneiden. Selbst wenn eine Herabsetzung der Akkorde durchaus gerechtfertigt und sachlich geboten ist, bleibt sie stets eine mißliche Sache. Man kann sich die schwierige Aufgabe der Auseinandersetzung mit den Arbeitern nur dadurch erleichtern, daß man eine exakte statistische Auswertung zur Klarlegung der Sachlage heranzieht. Geht daraus deutlich hervor, daß die Akkordberechnung falsch war, dann wird auch der Arbeiter in der Regel über eine Änderung mit sich reden lassen. — Zu diesem Zwecke bedarf es allerdings erst eines gewissen Vertrauens auf Seiten der Arbeiterschaft, das zu erreichen auf jede Weise versucht werden muß. Mit einer gewissen Rücksichtnahme wird sich dabei viel erreichen lassen. Vor allem erfordert es die Gerechtigkeit, daß alle statistischen Unterlagen auch im umgekehrten Sinne — bei berechtigten Reklamationen der Arbeiter — ihre volle Geltung behalten. Denn häufig wird es im alten »Meisterbetrieb« nötig sein, auch anderen schädigenden Folgen der souveränen Machtstellung des Meisters Rechnung zu tragen. Ein solcher Fall kann sich sehr leicht ergeben, wenn der Meister »gute« oder »schlechte« Akkorde unter seine Leute verteilt, je nachdem sie sich besonderer Gunst bei ihm erfreuen. Es ist dann die höchste Aufgabe des Betriebsstatistikers, mit objektivem Maß zu messen!

Man muß der modernen wissenschaftlichen Betriebsführung im Geiste Taylors zugute rechnen, daß sie — neben ihren anderen Zielen — auch darauf ausgeht, mit allen Mißständen des alten Meistersystems aufzuräumen. Nachdem sie Wege ausfindig gemacht hat, vermittels

Zeitstudien und systematischer Statistik eine einwandfreie und sichere Grundlage für die Lohnberechnung zu schaffen, sollte man eigentlich nicht lange mehr zögern, in jedem Betriebe die Nutzanwendung der neuen Methoden folgen zu lassen.

c) Beispiel für die Hilfsarbeiterlöhne.

Als zweite Ergänzung zu den statistischen Auswertungen der Formerlöhne wollen wir nun die Lohnzahlen der zugehörigen Gießereihilfsarbeiter heranziehen. Ihre Tabellenwerte (Tabelle 2, Spalte 7 bis 9) sind in Schaubild IV graphisch dargestellt worden.

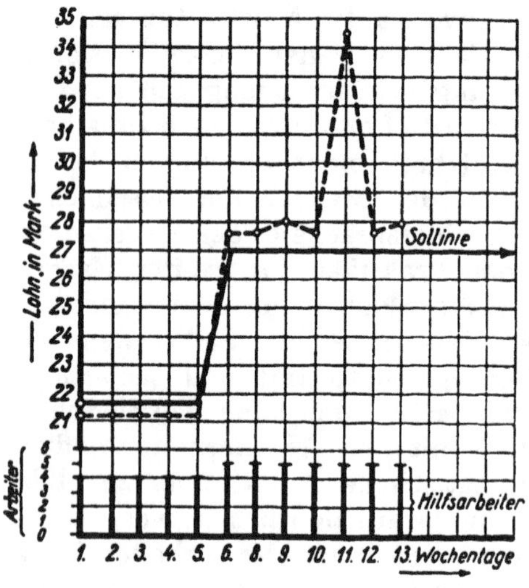

Schaubild IV: Verdienstlohnkurve der Hilfsarbeiter.

Es soll aus den Kurven entnommen werden, welche Einflüsse durch die Neuregelung der Gußproduktion auf die Hilfsarbeiterlöhne ausgeübt wurden. Da die Betriebsleitung zu Beginn der neuen Fertigung den Anteil der Hilfslöhne, trotz der Mehrbeschäftigung in der Formerei, nicht zu erhöhen bestrebt war, sollte es bei den vorhandenen 4 Hilfskräften bleiben. Nachdem aber mit der Arbeit begonnen war, mußte der Betriebsmeister am 4. Tage aus verschiedenen Anzeichen erkennen, daß dieser Beschluß nicht durchzuführen war. Es blieben Rückstände in der Gießerei, die deutlich bewiesen, daß die Hilfsarbeiter nicht in der Lage waren, die Arbeit zu bewältigen. Unter solchen Umständen bestand die Gefahr, daß die Former von ihrer eigentlichen Tätigkeit durch die Verrichtung solcher Arbeiten abgehalten wurden, die im eigentlichen Bereich der Hilfsarbeiter lagen. Für die Betriebsleitung ergab sich nun die Frage, ob sie auf ihrem ersten Entschluß beharren oder zur Einstellung eines neuen Hilfsarbeiters schreiten sollte. Das volle Verständnis für die Sachlage machte dem einsichtigen Betriebsleiter die Entscheidung nicht schwer. Er entschloß sich zur Neueinstellung eines Hilfsarbeiters, die am 6. Tage stattfand.

Es wird im Anschluß an unser Beispiel gestattet sein, einige Worte der Kritik über die Maßnahme des Betriebsleiters folgen zu lassen. Es könnte vielleicht die Frage gestellt werden, ob die Neueinstellung eines Hilfsarbeiters unter den gegebenen Umständen gutzuheißen oder zu bemängeln war. — Wir möchten behaupten, daß die Betriebsleitung völlig richtig gehandelt hatte, indem sie die Arbeitereinstellung einer sonst unvermeidlichen Behinderung der »produktiven« Arbeiter vorzog. Maßgebend für diese Wahl mußte der Faktor sein, daß der Mehrlohn eines Hilfsarbeiters gegenüber einer Belastung der Former unbedingt als kleineres Übel zu werten war. In dieser Hinsicht dürfte eigentlich kein Zweifel mehr herrschen. Man sollte schon in allen Betrieben zu dem neuzeitlichen Standpunkte bekehrt worden sein, auf allen möglichen Wegen nach einer Höchstleistung der »produktiven« Arbeiter zu streben, keinesfalls aber diese durch falsche Sparsamkeit in der Entfaltung zu hindern. Daß man zu diesem Zweck an erster Stelle mit einer systematischen Arbeitserleichterung und -entlastung beginnen muß, sollte selbstverständlich erscheinen.

Leider aber ist man in manchen Gießereien von der Richtigkeit dieser Auffassung noch ganz und gar nicht überzeugt. Dies rührt wohl daher, daß man unerklärlicherweise auch heute noch verschiedene Standpunkte in bezug auf die Verwendung von Hilfsarbeitern einnimmt.

»Die einen Gießereibesitzer vertreten die Ansicht, daß es gut sei, die Zahl der Hilfsarbeiter auf ein Minimum zu beschränken; die natürliche Folge ist, daß dem Former ein entsprechendes Quantum von Arbeit, die »nicht produktiver Art«, d. h. nicht reine Formtechnik (Entleeren der Kasten z. B.) ist, zufällt. Man glaubt, daß der Former, wenn er es nicht anders kennt, in der Lage sei, auch diesen Teil der Hilfsarbeit in sein Arbeitsquantum hineinzupressen, unbeschadet seiner Produktionsfähigkeit, und denkt auf diese Weise Lohn zu sparen. Diese Anschauung beruht also auf der Annahme, daß die Arbeitsenergie des Mannes im allgemeinen nicht bis an die äußerste Grenze ausgenutzt sei. Die Meinung der anderen geht vom Gegenteil aus und sagt, der Former leistet mir in jedem Falle, schon um auf seinen Verdienst zu kommen, das Möglichste. Es ist daher falsch, seine Arbeitskräfte für eine Tätigkeit in Anspruch zu nehmen, die billiger geleistet werden kann; vielmehr ist es von Vorteil, den Former von allen Arbeiten, die nicht formbildender Natur sind, zu befreien, da man auf diese Weise in den Stand gesetzt ist, die Gesamtproduktion zu erhöhen, worauf es allein ankommt, auch wenn man gezwungen sein sollte, mehr Hilfskräfte einstellen zu müssen. Wie dem auch sei, jedenfalls darf die Befürchtung vor erhöhten Unkostenlöhnen nicht die Tendenz beeinflussen, dem Former durch Befreiung von Nebenarbeiten die natürliche Arbeitslust zu erhalten!«[1])

Wir glauben, daß es müßig wäre, den obigen Äußerungen Lebers noch etwas hinzuzufügen. Sie sollten uns nur als klares Beweismaterial für die Tatsache dienen, inwieweit man leider noch immer im Gießereigewerbe davon entfernt ist, sich die Einsichten und Erkenntnisse der neuzeitlichen Betriebswissenschaft zu eigen zu machen. Dieser Um-

---

[1]) Vgl. Leber, S. 30 ff.

stand machte es nötig, auch unsererseits den Standpunkt des modernen Betriebswirtes ein für allemal zur Geltung zu bringen.

d) Statistische Verhältniszahlen zwischen einzelnen Lohngruppen.

In jedem fabrikatorischen Betriebe, wo verschiedene Arbeitsgruppen an der Fertigung eines Erzeugnisses teilhaben, trifft es wohl zu, daß sich im Gange der Produktion ein Abhängigkeitsverhältnis der verschiedenen Arbeiter untereinander herausbildet. Wie die Verhältnisse speziell in der Gießereiwerkstätte liegen, hat uns das Beispiel für die Former, Kernmacher und Hilfsarbeiter gezeigt. Die äußere Abhängigkeit der Arbeitergruppen kann soweit gehen, daß sich eine wechselseitige innere Beziehung unter den Löhnen ergibt, die für das einzelne Unternehmen in Form einer ganz bestimmten Verhältniszahl zu fassen ist. Was dies betrifft, besteht in jeder Gießereiwerkstatt ein normaler Satz von erforderlichen Arbeitskräften und anteiligen Löhnen, welcher sich infolge der gesamten Betriebsgrundlagen für den Unterhalt einer geregelten Produktion als notwendig erweist. Bei diesem normalen Satz soll es unter gleichen Produktionsverhältnissen im allgemeinen verbleiben. Jeder Betriebsmann aber weiß, daß sich für seine Innehaltung keinerlei genaue Regeln aufstellen lassen; denn wie wir gesehen haben, hängt die Zahl der Kernmacher, Hilfsarbeiter und Putzer jeweils von der Art der Gußwaren ab. Dabei ergeben sich häufig relative Veränderungen, die in absoluten Zahlen nicht deutlich zu erkennen sind. Diese Tatsache läßt es ratsam erscheinen, sich keineswegs allein auf eine Auswertung der absoluten Lohnzahlen zu beschränken, sondern auch die laufende Beobachtung von Verhältniszahlen zu betreiben. Gerade im Gießereibetriebe werden durch den häufigen Wechsel im Charakter der laufenden Aufträge die Verhältnisse in einzelnen Kalkulationsperioden ganz verschiedenartig gelagert. Diesem Umstande muß vor allem vom Standpunkte einer exakten Selbstkostenrechnung im rechten Augenblicke Beachtung gezollt werden. Deshalb versprechen die Lohnverhältniszahlen, im Falle einer Lohnverschiebung einen geeigneten Gradmesser abzugeben.

Bei unseren absoluten Verdienstlohnzahlen haben wir beispielsweise in Tabelle 2, Spalte 10—11, die Kernmacher- und Hilfsarbeiterlöhne in ein Verhältnis zu den Formerlöhnen gesetzt.

Die Zusammenhänge der errechneten Prozentzahlen mit den absoluten Werten sind leicht erkennbar. — Die Erhöhung des Verhältnissatzes der Kernmacher stellte sich als ungerechtfertigt heraus und war deshalb abzustellen. Für die Hilfsarbeiterlöhne mußte man es dabei bewenden lassen, daß die Änderung der Gußerzeugung bei ihnen eine Steigerung hervorgerufen hatte. Zweifelsohne bedeutete das eine ungünstige Erscheinung, deren Eintritt aber notwendig durch den Charakter der neuen Gußartikel bedingt war. Daß diese Erkenntnis für die Betriebsleitung von Interesse hinsichtlich ihrer Kostenrechnung und Preisgestellung gewesen ist, braucht nicht betont zu werden. Für uns konnte das Beispiel zur Belehrung dienen, in welchem Maße die Lohnverhältniszahlen geeignet sind, auf unerwartete und ungewollte Rückwirkungen von Produktionsänderungen aufmerksam zu machen.

9. Die Lohnkostenstatistik.

Im vorhergehenden Kapitel ist es unsere Aufgabe gewesen, den statistischen Vergleich von Lohnzahlen untereinander und nebeneinander zu schildern, ohne dabei andere Zahlengrößen aus dem Betriebsgange irgendwie für eine Zusammenstellung nutzbar zu machen. Diese isolierte Betrachtung muß verlassen werden, wenn wir zur Lohnkostenstatistik übergehen wollen. Da man unter Kosten im industriellen Betriebe die Summe der in Geld ausgedrückten Aufwendungen für die Produktion innerhalb einer Betriebsperiode versteht, ergibt es sich, daß man bei einer Kostenstatistik erstens auf die Aufwendungen an Rohstoff, Lohn nebst sonstigen Betriebskosten und zweitens auf das Ergebnis der Produktion, d. h. das Fertigerzeugnis, zurückgreifen muß. Im Gießereibetriebe wären also zwei Faktoren für die Statistik zu berücksichtigen:

1. Der allgemeine Aufwand.
2. Das Reingußergebnis.

Diese beiden Größen hätten miteinander in Beziehung zu treten.

Über den engen Zusammenhang der Statistik mit der industriellen Selbstkostenrechnung wurde bereits mehrmals gesprochen. Wie die Verknüpfung der beiden Rechnungszweige in der Praxis tatsächlich vorgenommen werden kann, vermag man bei der Kostenstatistik ganz besonders deutlich zu zeigen.

Bekanntlich ist die industrielle Nachkalkulation auf die nachträgliche Zusammenstellung und Berechnung des Aufwandes industrieller Tätigkeit gerichtet und legt Rechnung über die einzelnen Kostenteile pro Erzeugungseinheit[1]).

In diese kostenmäßige Rechnungslegung greift die Statistik in zweifacher Weise ein:

a) erstens fällt es ihr zu, wie wir gleich sehen werden, den Hauptteil der zahlenmäßigen Vorarbeiten für die Kalkulation zu erledigen,
b) zweitens hat sie, nach Erledigung der speziell kalkulatorischen Arbeiten, bei den rechnerischen Ergebnissen der Selbstkosten-

---

[1]) Vgl. Calmes, Fabrikbetrieb, S. 135 und Schmalenbach, Selbstkostenrechnung, S. 265.

rechnung wieder anzuknüpfen und diese zum Zwecke der Kontrolle zeitlich miteinander zu vergleichen.

Was die unter (a) bezeichneten Vorarbeiten für die Kalkulation betrifft, so weiß jeder Betriebsfachmann, daß eine Kostenrechnung in erster Linie auf genauen, zahlenmäßigen Unterlagen aufbauen muß. Zu deren Erlangung bedarf es umfangreicher Zahlenerhebungen, die betreffs der einzelnen Kostenteile im Betriebe anzustellen sind. Es müssen die Kosten nach ihren Quellen und ihrer Art möglichst spezialisiert zusammengestellt und den Produktionszahlen gegenüber gesetzt werden. Weil bei diesen in Frage stehendenArbeiten der charakteristische Tatbestand für die Nutzanwendung der statistischen Methode gegeben ist, wird man sich ihrer auch am besten bedienen.

Über den praktischen Verlauf jener statistischen Vorarbeiten für die Kostenrechnung bleibt im Rahmen unserer Betrachtung wenig zu sagen. Es handelt sich dabei um Tätigkeiten: wie einfache Sammlung und Gruppierung von Betriebszahlen, die zu den großen Selbstverständlichkeiten jeder Rechnungslegung gehören.

Anders liegt der Fall bei den statistischen Aufgaben im Sinne unserer Ausführungen unter (b). Hier sollen statistische Vergleiche einen ständigen Überblick über die Kostenentwicklung geben. In welchem Maße der Unternehmer an diesen statistischen Arbeiten interessiert ist, wurde bereits besprochen.

Sicherlich sind mehrere Wege zur statistischen Kostenüberwachung denkbar. Man kann die Kosten in ihrer Gesamtheit, in ihren einzelnen Elementen, in einzelnen Gruppen oder für die Gesamterzeugung betrachten. Es versteht sich, daß auch hier der Grundsatz seine Geltung behält: Je genauer, um so besser!

Im Anschluß an ein praktisches Beispiel wird es nicht schwer fallen, im einzelnen Betriebe die Folgerungen für den Ausbau der Kostenstatistik zu ziehen. Unser Beispiel soll die statistische Auswertung des Lohnkostenelementes einer Graugießerei behandeln. Auszugehen ist von den rechnerischen Unterlagen der Kostenrechnung. Bei dieser verfährt man in der Praxis allgemein so, daß für bestimmte Zeitabschnitte — Tage, Wochen, Monate — festgestellt wird, wieviel Lohn durchschnittlich auf 100 kg Reingußware entfällt. Dabei wird von den Lohnzahlen in den eingangs geschilderten Lohnlisten ausgegangen und die Summe der Bruttolöhne auf die zugehörige Reingußmenge umgelegt. Sicherlich erübrigt es sich, über die Gewinnung der dazu nötigen Reingußergebnisse eingehende Schilderungen folgen zu lassen; denn jeder Leiter einer Gießerei muß die Gewichtszahlen seiner Werkstatt irgendwie und wann einmal ermitteln. In der Regel sind für diese Zwecke sog. Gußberichte in Anwendung, welche das Werkstattbureau täglich mit den geforderten Angaben über Satz-, Reinguß-, Abfall- und Ausschußgewichte versieht (vgl. Formular 4).

Graugießerei

Gußbericht

1. 6. 25

	Kilo		v. H.
Eisensatz:			100
Reinguß:			
Maschinen-Guß			
Handels-Guß			
Eigener-Guß			
Abgänge:			
Resteisen			
Eingüsse			
Ausschuß			
Abbrand			

Formular 4.

Nach Maßgabe derartiger Unterlagen sind in Tabelle 3[1]) für den Zeitraum von 11 Lohnwochen positive Zahlenwerte über Reingußergebnisse und Lohnsummen eines größeren Betriebes wiedergegeben worden[2]). Die obenerwähnten Lohnkosten für 100 kg Reinguß wurden in den Tabellenspalten 3, 5, 8, 11, 14, 17, 19, 21 festgelegt, mit dem Zweck, für jede Gruppe der Gießereiarbeiter ein klares Bild über die Lohn-

[1]) Vgl. Tabellenanlage am Schluß des Buches.

[2]) Anm. d. Verf.: Ich bemerke dazu, daß es sich bei diesem Beispiel um Effektivzahlen aus dem Anfang des Jahres 1924 handelt. Das erklärt die für jetzige Verhältnisse äußerst niedrigen Lohnanteile an den Gießereiselbstkosten.

kostenentwicklung zu geben[1]). In vielen Fällen wird eine derart spezialisierte Kostengliederung nach Arbeitsgruppen nicht einmal vonnöten sein. Man könnte sich damit begnügen, statt einer getrennten Berechnung für einzelne Arbeitergruppen eine Sammelauswertung der Lohnkosten vorzunehmen. Wieweit man mit der Unterteilung gehen will, richtet sich nach den Bedürfnissen. — Unsere Gießerei zog eine Einzelberechnung vor. Die Ermittlung ihrer Lohnsammelwerte für die vier Produktionsabteilungen: 1. Maschinenguß, 2. Ofentüren, 3. Kochplatten, 4. Fenster bot keine Schwierigkeit, nachdem man die Einzelwerte für Former, Kernmacher, Putzer, Schmelzer und Hilfsarbeiter hatte. Als Gesamtlohnkosten ergaben sich die Zahlen in Tabelle 4.[2])

Vergleicht man die Sammelwerte mit den Einzelwerten, so wird man erkennen, welchen Vorzug die Einzelberechnung vor der Sammelrechnung verdient. Bei den Einzelwerten (Tabelle 3) lassen sich oftmals Veränderungen aufweisen, die im Gesamtbild (Tabelle 4) fast ausgeglichen und überdeckt erscheinen.

Zur Darstellung der Aufeinanderfolge und zeitlichen Bewegung der Lohnkosten kann natürlich nichts augenfälliger sein als eine graphische Auswertung. Dies beweisen die Kurven in Schaubild V. Dargestellt sind die Kostenwerte der vier Formergruppen (Tabelle 3, Spalte 3, 8, 11, 14).

Im voraus ist es geboten, auf eine Wechselbeziehung zwischen unseren Reingußzahlen und Lohnkostenteilen aufmerksam zu machen. Zieht man z. B. im Falle der Maschinengußformer einen entsprechenden Vergleich (zwischen Spalte 1 und 3), so wird man entdecken, daß im großen und ganzen einer Steigerung der Reingußzahlen ein Abfall der Lohnanteile gegenübersteht. Hier liegt das praktische Beispiel einer antagonistischen Korrelation zwischen Lohnkosten und Reingußergebnissen vor. Ihr Entstehen ist dem Umstande zuzuschreiben, daß die Löhne bei steigender Ausbringung sich keineswegs immer in gleichem Maße zu erhöhen pflegen, wie die Erzeugung selbst. Bei der Kostenberechnung für 100 kg Guß muß dies folgerichtig dahin führen, daß ein wenig veränderter Lohn bei der Verrechnung auf vergrößerte Ausbringungsmengen eine relative Senkung als Kostenteil erfährt. Das beweist, wie nötig es für die kritische Beurteilung der Kostenbewegung ist, auch gleichzeitig etwaigen Schwankungen der Reingußergebnisse Rechnung zu tragen. Aus diesem Grunde ist es ratsam, die jeweiligen Reingußzahlen in Kurvenform in die graphische Darstellung mit einzubeziehen.

[1]) Es ist zur weiteren Erklärung der Tabelle darauf hinzuweisen, daß die Kernmacher allein an der Ausbringung des Maschinengußes beteiligt sind; Schmelzer, Putzer und Hilfsarbeiter dagegen wirken an der gesamten Fertigung mit. Deshalb mußten die Lohnanteile der letzteren Arbeitergruppen zu der gesamten Reingußleistung des Betriebes (Spalte 15) ins Verhältnis gesetzt werden.

[2]) Vgl. Tabellenanlage.

a) Maschinengußlohn.

Beim Betrachten unseres graphischen Schaubildes, das die angedeutete Korrelation der Zahlenreihen besonders deutlich zu machen vermochte, ergab sich, daß die stärksten antagonistischen Wechselwirkungen bei den Maschinengußformern in die Erscheinung traten. Dies war deshalb erklärlich, weil der Hauptteil der gesamten Werkproduktion aus Maschinengußwaren bestand.

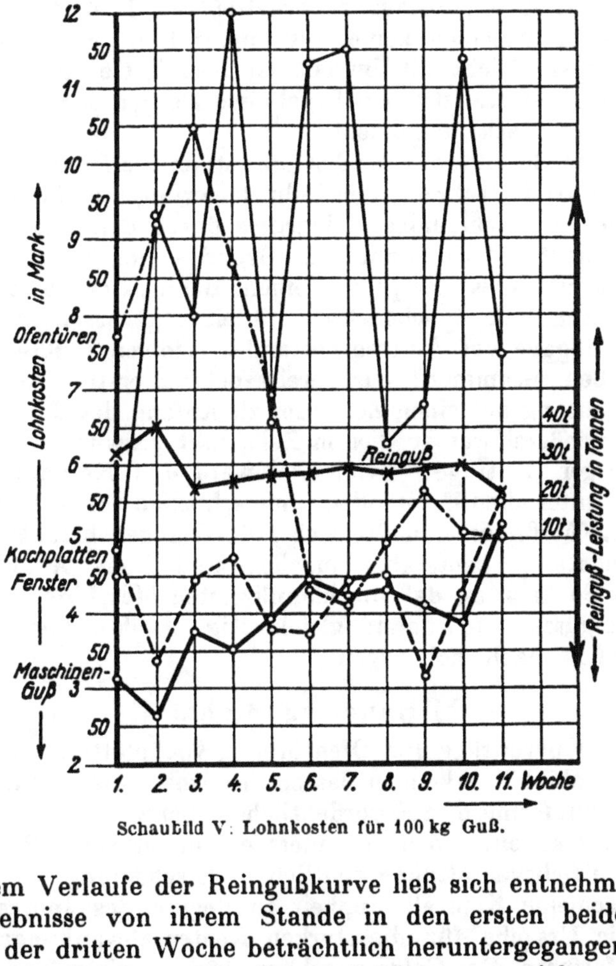

Schaubild V: Lohnkosten für 100 kg Guß.

Aus dem Verlaufe der Reingußkurve ließ sich entnehmen, daß die Reingußergebnisse von ihrem Stande in den ersten beiden Wochen im Verlauf der dritten Woche beträchtlich heruntergegangen waren. — Nach dem Abfall begann die Kurve in der neuerreichten Höhenlage stetig zu verlaufen; sie wies keine erheblichen Schwankungen mehr auf.

Man sollte meinen, ein solches Gleichmaß in der Reingußleistung müßte notgedrungen auch gleichbleibende Lohnanteile im Gefolge haben. — Auffälligerweise aber traf diese Annahme in unserem Falle nicht zu: Der gleichbleibenden Reingußkurve stand eine steigende Lohnkostenkurve gegenüber.

Irgendeine außergewöhnliche Ursache mußte den Anlaß für dieses Ergebnis bilden. Hier wie sonst sah sich der Statistiker vor die Aufgabe gestellt, richtige Schlüsse und treffende Erklärungen für die unregelmäßige Kostensteigerung zu finden. Zweifelsohne kann man es als den größten Reiz aller statistischen Untersuchungen bezeichnen, wenn es nach einigem Bemühen gelingt, einen Hinweis auf irgendwelche Störungen im Betriebsorganismus zu erhalten. — Daß die Ergründung und Klarlegung derselben keinesfalls immer leicht ist, braucht nicht betont zu werden. Nicht mit Unrecht hat deshalb Leitner die kritische Durchdringung der statistischen Ergebnisse als den sog. »wissenschaftlichen Teil« der Statistik bezeichnet[1]).

In unserem Beispiel war für den Statistiker die Frage entscheidend, ob es sich bei der fortschreitenden Lohnsteigerung um eine Erscheinung handelte, die eines schleunigen Eingriffes durch den Betriebsleiter bedurfte oder nicht. — Er konnte auf Grund seiner Kenntnis über die Betriebsgestaltung diese Frage verneinen; denn es ergab sich, daß die Erhöhung des Lohnkostenelementes mit einer gewissen Zwangsläufigkeit nach Maßgabe des Auftragsbestandes erfolgen mußte. Das hing folgendermaßen zusammen: Wie bereits betont, erstreckte sich unsere obige Beobachtung auf einen Zeitraum zu Anfang des Jahres 1924. — Unsere Graugießerei war zu diesem Zeitpunkt gezwungen, eine Menge wenig günstiger Aufträge — viel Kleinware und Kernguß — aufzunehmen, um unter allen Umständen einen schnellen Umsatz zu erreichen. Eine derartige Maßnahme mußte sich notgedrungen beim Produktionsergebnis nachteilig bemerkbar machen und hohe Ausschußanteile zeitigen. — So kam es, daß die komplizierten Maschinengußteile verringerte Reingüsse und damit gleichzeitig erhöhte Lohnkosten pro Leistungseinheit nach sich zogen.

b) Handelsgußlohn.

Wie die Kurvenzüge für Ofentüren-, Kochplatten- und Fensterguß im Schaubild V erkennen lassen, schienen die Lohnkosten bei den Handelsgußformern außerordentlichen Schwankungen zu unterliegen. Hier trat eine noch besonders erwähnenswerte Beeinflussung durch die Betriebsverhältnisse deutlich in Erscheinung.

Die allgemeine Kapitalknappheit zu Beginn des Jahres 1924 bildete hier die Ursache für die starken Kostenschwankungen bei den Handelsgußformern. Der Geldmangel gestattete es nicht, — wie es unter normalen Umständen die Regel war —, größere Bestände an Handelsgußwaren auf Vorrat zu gießen und auf Lager zu legen. Unter geregelten Verhältnissen wäre es möglich gewesen, durch ein größeres Fa-

[1]) Vgl. Leitner, Kontrolle, S. 99.

brikationsprogramm mit Magazinarbeiten eine systemvolle und stetig verlaufende Produktion in die Wege zu leiten. Diese Möglichkeit war durch die Kapitalknappheit benommen; man wurde genötigt, sämtliche Handelsgußwaren nach jeweils eintreffenden Bestellungen anfertigen zu lassen. So war es erklärlich, daß die fortwährende Umstellung und der stete Wechsel der Arbeit beträchtliche Unterschiede in den Reingußleistungen hervorbrachte und eine Erhöhung der Kosten bewirkte.

Die Zahlenbeispiele beweisen zur Genüge, was mit einer Statistik für die systematische Kostenkontrolle gewonnen werden kann. Gleichzeitig war es mittels der praktischen Auswertung oben möglich, einen Weg für die Ausgestaltung einer Kostenstatistik zu zeigen. Unsere Schilderungen darüber sind insofern besonders beachtlich, weil sie einen allgemein gültigen Hinweis auch für andere kostenstatistische Betätigungen, sei es für Werkstoff- oder Gemeinkostenbetrachtung, enthalten.

Für die praktische Anwendung der obigen Auswertungen wird es allerdings von Wichtigkeit sein, über die wahre Zweckbestimmung unserer Kostenstatistik im klaren zu sein. Es würde eine Verkennung der Zwecke und Ziele bedeuten, wenn man von ihr verlangen wollte, daß sie eine ins einzelne gehende Kenntnis über die Kostenentwicklung einzelner Gußtypen vermittelt. In dieser Hinsicht dürfen wir die Grenzen der oben vorgeschlagenen Auswertungen keinesfalls verkennen. Wenn wir, mit einer gewissen ökonomischen Berechtigung von Durchschnittswerten ausgehend, eine Kostenkontrolle in die Wege zu leiten bestrebt sind, so können wir keine Einzelheiten, sondern nur Richtlinien in großen Zügen erwarten. Mit diesen kann man sich aber vollauf begnügen. Wir möchten behaupten, daß es die Grenzen des Zweckmäßigen übersteigen würde, wenn man im Rahmen der Statistik eine genauere Kostendarstellung treiben wollte. — Das hieße unnötigerweise einer eingehenden, einzelnen Stückkalkulation vorgreifen wollen, die noch immer die berufenste Methode genauer Einzelkostenrechnung gewesen ist.

10. Statistik der Lohnkosten bei wechselndem Beschäftigungsgrad.

Daß die Statistik bestrebt sein muß, sich in ihren Untersuchungen aufs engste an die neuesten betriebswissenschaftlichen Forschungen anzulehnen, wurde bereits betont. Wenn man in der Praxis nach diesem Grundsatz verfährt, so wird es sich ganz von selbst ergeben, daß wertvolle Anregungen für vermehrte und neuartige Nutzanwendung bereits vorliegender statistischer Zahlen gewonnen werden. Was dies betrifft, so ist vor allem die statistische Kostenerfassung, die wir soeben in ihren Grundzügen behandelt haben, erst kürzlich in ein neues Stadium getreten. Der Anstoß dazu kam aus dem Gebiete der industriellen Kostenlehre.

Die Tatsache, daß neben den Produktionskosten der »Beschäftigungsgrad«[1]) im industriellen Betriebe eine außerordentlich wichtige Rolle spielt, ist für jeden Betriebsfachmann eine Selbstverständlichkeit. Daß zwischen beiden Faktoren ein gewisses Abhängigkeitsverhältnis besteht, darüber ist man sich klar. Wieweit aber in ihrem Zusammenhang eine bestimmte Gesetzmäßigkeit liegt, hat man noch nicht überall erkannt. Im Hinblick darauf erscheint nichts näherzuliegen, als die Kostenstatistik mit ihren Zahlenunterlagen ein für allemal zur Klarlegung mutmaßlicher Gesetzmäßigkeiten zu verwenden.

a) Die Mängel der alten Kostenrechnung.

Daß es zu einem dringenden Erfordernis wurde, auf irgendeinem Wege Klarheit über das Abhängigkeitsverhältnis von Selbstkosten und Umfang der Produktion zu schaffen, ergab sich aus den Mängeln und Unzulänglichkeiten der bisherigen industriellen Kostenrechnung. Größere Verluste in diesem oder jenem Betriebe, die auf falscher Preisstellung beruhten, wiesen darauf hin, daß es auf die Dauer unmöglich ist, an Hand allgemeiner Erfahrungstatsachen aus vergangenen Betriebsperioden eine Kostenrechnung für völlig veränderte gegenwärtige oder zukünftige Verhältnisse aufzubauen. Man erkannte bald, daß der große Fehler der althergebrachten Kalkulationsmethoden darin lag, daß diese nicht sehr großen Wert auf die zwangsläufige Änderung des anteiligen Gemeinkostensatzes im Verhältnis zu einer kleinen oder großen Produktionsmenge legten.

Allerdings war man sich auch früher schon über die gefahrdrohenden Auswirkungen der Relation zwischen Kosten und Beschäftigungsgrad in der Kalkulation klar gewesen. An einzelnen Bemühungen hatte es nicht gefehlt, um diesen Fehler zu beheben und irgendwelche konkreten Ergebnisse zu erzielen. — Auch in der Reihe der Gießereikostensysteme wurde einmal der Versuch gemacht, den Einfluß des Beschäftigungsgrades auf die Kosten des Gußerzeugnisses zahlenmäßig in die Kalkulation einzubeziehen. Messerschmidt war es, der schon im Jahre 1913 in allerdings primitiver Form der »wechselnden Geschäftslage«

---

[1]) Anm. d. Verf.: Unter Beschäftigungsgrad wollen wir den in Prozenten ausgedrückten Anteil an der normal möglichen Beschäftigung eines Betriebes verstehen. Es gibt im wesentlichen zwei Möglichkeiten, den Beschäftigungsgrad zu definieren: 1. wie Jsaac, a. a. O.: »Beschäftigungsgrad ist der prozentuale Anteil an der idealen Ausnutzung des Betriebes«. — 2. wie Walther, a. a. O.: »Beschäftigungsgrad ist die wirkliche Beschäftigung prozentual bezogen auf die normal mögliche.« — Wir halten die letzte Definition für vorteilhafter, weil uns der Stand einer normalen Beschäftigung leichter empirisch ermittelbar erscheint als die ideelle Größe einer idealen Ausnutzung eines Betriebes. Eine eindeutige Formulierung scheint uns hierbei vonnöten, weil die meisten Autoren, die sich neuerdings mit dem Problem des Beschäftigungsgrades abgeben, keinerlei Angaben darüber machen, was sie unter diesem Begriffe verstehen.

dadurch Rechnung zu tragen gedachte, daß er einen neuen Faktor, ein sog. »Betriebsmaß«[1]), in die Kostenrechnung einführen wollte.

Diesem Messerschmidt'schen Versuch konnte kein endgültiger Erfolg beschieden sein. Die vorgeschlagene Lösung war völlig unzureichend, um einen allgemein gültigen oder zweckdienlichen Maßstab für eine richtige Kostenverteilung abzugeben. Das hatte schon Leber[2]) klar und deutlich nachweisen können. Der Irrtum Messerschmidts lag darin, daß er glaubte, mit seinem »Betriebsmaß« einen schematischen Regulator für die stets wechselnden Einflüsse der variablen Größe: »Beschäftigungsgrad« gefunden zu haben.

b) Die neue Kostenerfassung.

Den Standpunkt, eine einheitliche, allgemein gültige Lösung für jenes Kostenproblem überhaupt für möglich zu halten, hat man neuerdings verlassen. Man hat erkannt, daß gerade die schematische Kostenverrechnung, die auch Messerschmidt beibehält, das größte Übel der alten Kalkulationsmethoden darstellt. Um hier nun endlich Wandel zu schaffen, sind besonders die modernen Betriebswissenschaftler nachdrücklich auf die Fragen der Kostenentwicklung unter dem Einfluß des Beschäftigungsgrades eingegangen.

Die Studien darüber, welche an erster Stelle von Schmalenbach in seiner klassischen Arbeit über Selbstkostenrechnung[3]) eingeleitet worden sind, haben neue theoretische Grundlagen geschaffen, auf denen sich eine gänzlich neue Betrachtungsweise von Kosten und Beschäftigungsgrad bilden konnte. Der große Fortschritt dabei lag darin, daß man dazu überging, den Gesamtkomplex der industriellen Kosten in seine einzelnen Elemente zu zerlegen. Dies führte zur Erkenntnis von vier grundlegenden Kostenarten, die in ganz verschiedenem Abhängigkeitsverhältnis zum Beschäftigungsgrad stehen:

»Selbst wenn ein Werk völlig stillesteht, werden gewisse Kosten nicht gespart; es laufen die Ausgaben für Versicherung, es müssen Löhne für Bewachung und Unterhaltung der Anlagen aufgewandt werden; es entstehen Entwertungsverluste an Maschinen und Einrichtungen, wozu noch Verluste durch Veralten der Konstruktion treten können. Das sind die »festen« Kosten, die man zuweilen auch »eiserne« nennen hört. Noch umfassender gestalten sich diese festen Kosten, wenn das Werk nicht stillesteht, sondern mit schlechter Beschäftigung

---

[1]) Vgl.: Messerschmidt a. a. O. S. 60 ff. Dieses Messerschmidt'sche Betriebsmaß stellt das prozentuale Verhältnis zwischen der Summe der Gemeinkosten einerseits und den Fertigungslöhnen andererseits dar. Der Betriebsfaktor soll für 3 Beschäftigungsgrade, für eine große, mittlere und geringe Beschäftigung, berechnet werden. Mit den daraus erhältlichen 3 Größen will Messerschmidt allen Anforderungen der Kalkulation gerecht werden.

[2]) Vgl. Leber: Selbstkostenrechnung, S. 9.

[3]) Vgl. Zeitschrift für Handelswissenschaftliche Forschung, 13. Jahrgang.

zu arbeiten beginnt. Der Betrieb der Maschinenanlage erfordert dann eine gewisse Mindestsumme; Arbeitskräfte müssen bereitstehen, Meister und Betriebsingenieure fordern ihr Gehalt, auch wenn sie schlecht ausgenutzt sind. Den festen Kosten stehen andere gegenüber, die mit dem Grade der Beschäftigung wechseln. Dies kann soweit gehen, daß die Kosten dem Beschäftigungsgrade völlig proportional sind. Das wird z. B. fast immer der Fall sein für die Einzelkosten (Werkstoff und Fertigungslohn); denn wenn z. B. ein Erzeugnis 1 kg Rohstoff benötigt, so erfordern fünf solcher Einheiten 5 kg, 10000 Einheiten 10000 kg. Auch bei den Gemeinkosten (Unkosten) können solche Fälle von proportionalen Kosten beobachtet werden, wenn sie auch seltener sind. Viel häufiger findet man dagegen bei den Gemeinkosten, daß der Aufwand mit dem Grade der Beschäftigung zwar steigt, aber daß dieses Steigen langsamer vor sich geht, eben weil die Ausnutzung allmählich eine bessere wird. Diese Kosten wachsen also gegenüber dem Beschäftigungsgrad in einer Degression, man hat sie daher »degressive« genannt. Endlich gibt es auch »progressive« Kosten, d. h. solche, die schneller wachsen als der Beschäftigungsgrad«[1]). — Sie sind der typische Ausdruck für eine übermäßige Beschäftigung und ergeben sich bei Überanstrengung von Maschinen, Überstunden und anderen Überlastungen des Betriebes.

Zum richtigen Verständnis der Kostenarten war es in den vorangegangenen Schilderungen nötig, von der Kostengestaltung im Hinblick auf den Gesamtbetrieb auszugehen. Nun wissen wir aber, daß es für die Kalkulation vor allem darauf ankommt, aus den Gesamtkosten die Kosten für das einzelne Arbeitsstück zu ermitteln. Wir sind also gezwungen, die obigen Kostengruppen vom Standpunkt des Fertigerzeugnisses zu betrachten. Tut man dies für die oben beschriebenen festen und proportionalen Kosten, so wird man erkennen, daß sich die ersteren, auf das Einzelerzeugnis verrechnet, zwangsläufig verkleinern, wenn eine größere Produktionsmenge zur Aufteilung heranzuziehen ist. Die proportionalen Kosten dagegen bleiben bei der Verrechnung auf das Einzelfabrikat immer gleich. Man sieht daraus, daß feste und proportionale Kosten ihren Charakter umkehren, wenn das Einzelerzeugnis als Beziehungsgröße dient. Nur die degressiven und progressiven Kosten behalten ihre Kennzeichen bei.

Dadurch ergeben sich zwischen Beschäftigungsgrad und Kosten die vier folgenden Beziehungen (vgl. dazu die graphischen Darstellungen in Schaubild VI):

1. Die Kosten bleiben gleich und unbeeinflußt vom Beschäftigungsgrad (das sind die proportionalen Kosten),
2. die Kosten steigen und fallen nahezu umgekehrt proportional mit dem Beschäftigungsgrad (feste Kosten),

[1]) Vgl. Peiser: Einfluß des Beschäftigungsgrades, S. 4.

3. die Kosten fallen bei steigender Beschäftigung in Degression,
4. die Kosten steigen mit zunehmender Beschäftigung in Progression.

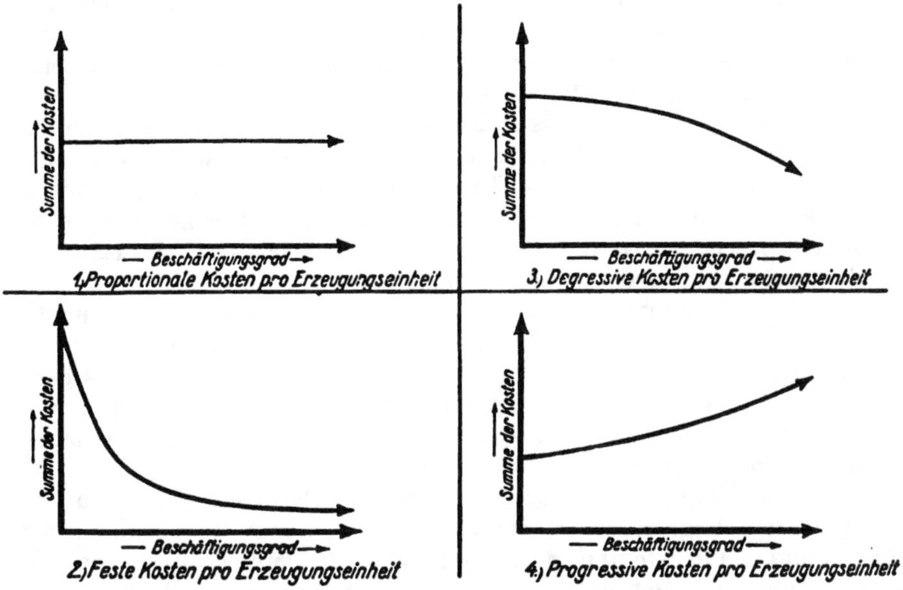

Schaubild VI: Die vier industriellen Kostenarten.

Nun handelt es sich darum, in jedem Betriebe die gesamten Betriebskosten in ihre einzelnen Kostenelemente zu zerlegen. Da bei irgendeinem Kostenteil selten ein Urteil darüber zu fällen ist, zu welcher der obigen Kostengruppen er zu zählen und wie er demgemäß in der Kostenrechnung zu behandeln ist, müssen statistische Einzeluntersuchungen angestellt werden, um grundsätzlich seinen Kostencharakter zu enthüllen. Zu diesem Zweck bedient man sich am allerbesten der graphischen Methode. Wie man dabei im Einzelfalle zweckmäßig verfährt, das wird aus einem praktischen Beispiel ersichtlich werden.

c) Das Hilfslohnelement und seine Abhängigkeit vom Beschäftigungsgrad.

Es ist ein besonderer Vorzug der fabrikationstechnischen Eigenheit des Gießereibetriebes, daß die Reingußzahlen auch gleichzeitig einen Maßstab für den Beschäftigungsgrad abzugeben vermögen. Dies erleichtert unsere statistische Untersuchung beträchtlich.

Geht man von den besonderen Verhältnissen eines bestimmten Gießereibetriebes aus, der mit allen erforderlichen Produktionsmitteln ausgerüstet ist, so wird man finden, daß in normaler Arbeitszeit und bei normalem Auftragsbestand eine ganz bestimmte Gußmenge ausgebracht wird. Eine solche Produktionsmenge wäre als das normale Fassungsvermögen der Gießerei anzusehen[1]). Diesen normalen Stand wird man jedesmal dann zu verlassen gezwungen sein, wenn Schwankungen im Gußwarengeschäft eintreten. Da irgendwelche Saisonschwankungen in jedem Jahre aufzutreten pflegen, wird also die Beschaffung von entsprechenden Zahlenangaben keine Schwierigkeiten bieten, wenn man eine Untersuchung einleiten will.

Wir sind in der Lage, als Beispiel das Ergebnis einer Sonderuntersuchung über die Entwicklung des Gießereihilfslohnelementes zugrunde legen zu können. In Tabelle 5 der Tabellenanlage, Spalte 2, sind die wöchentlichen Lohnaufwendungen, welche für die Gruppe der Gießereihilfsarbeiter, Kranführer und Sandmacher usw.[2]) in 12 Lohnwochen gemacht werden mußten, eingetragen.

Um den Kostenteil: »Hilfslohn« auf den Kostenträger: »Grauguß« umzulegen, mußten die Wochenlöhne den entsprechenden wöchentlichen Reingußergebnissen gegenübergestellt werden. Dabei wäre es naheliegend, eine Hilfslohn-Kostenberechnung für 100 kg Reinguß vorzunehmen[3]). Dieser einfachen Berechnungsmethode wurde im gegebenen Falle aus folgenden Gründen entraten.

Um die Möglichkeit einer sofortigen kalkulatorischen Nutzanwendung unseres Ergebnisses zu bieten, mußte bei der Verrechnung des Hilfslohnes als Kostenteil darnach getrachtet werden, dem Verrechnungsmodus der gebräuchlichen Gießereikostensysteme Rechnung zu tragen. — Wir schilderten bereits, wie man bei der Gußkalkulation die Betriebsunkosten in Form von Prozentzuschlägen auf die produktiven Fertigungslöhne zu ermitteln pflegt[4]). — Da das Hilfslohnelement im betreffenden Gießereibetriebe demgemäß verrechnet wurde, war es wünschenswert, zu einer Prozentauswertung zu gelangen, die den Hilfslohn in Hundertteilen der Einzellöhne ausdrückte und damit direkt die Übernahme eines Hilfslohnzuschlages in die Kalkulation zuließ. Dies war durch eine einfache rechnerische Hilfsmaßnahme zu erreichen: Nach Maßgabe der jeweiligen Reingußergebnisse wurden die Gewichtszahlen der Gießereiausbringung dadurch in passende Verrechnungszahlen umgewandelt, daß man sie in Form von Einzelkosten für Fertigungslohn errechnete (Tabelle 5, Spalte 1). Man bediente sich dabei einer Berechnungsmethode, bei welcher der Lohnkosten-Multiplikator pro 100 kg Guß konstant gewählt wurde. Zu diesem Mittel glaubte man greifen zu können, weil die Einzelkosten für Fertigungslohn als proportional

---

[1]) Anm. d. Verf.: Eine solche Ermittelung über das normale Fassungsvermögen läßt sich entweder schätzungsweise oder auf Grund einer genauen Produktionsstatistik anstellen. Auch Messerschmidt hält die Bestimmung einer »normalen Produktion« durchaus für möglich. Vgl. darüber S. 61 u. 75.

[2]) Nach Maßgabe der Harzburger Druckschrift, S. 16.

[3]) Wie es in Kapitel 9 gemacht wurde.

[4]) Vgl. die Ausführungen auf Seite 19.

veränderlich mit dem Beschäftigungsgrad behandelt werden konnten[1]). So war es möglich, zu Tabellenwerten (Spalte 1) zu kommen, die neben ihrem zweckmäßigeren Ausdruck der Gewichtszahlen immerhin einen vollgültigen Gradmesser des Beschäftigungsgrades abzugeben vermochten.

Nach einer derartigen Umrechnung bot die prozentuale Verrechnung der Hilfslöhne auf die Lohnkostensätze anstelle der reinen Gewichtszahlen keine Schwierigkeiten mehr. Man ermittelte die Prozentzahlen in Spalte 3 und wertete sie graphisch aus. Es ergab sich ein Kurvenbild (s. Schaubild VII), das durch seinen seltsamen Aufbau ein interessantes Ergebnis erkennen ließ. Charakteristisch war es, daß die Kurve eine erstaunlicher Stetigkeit und Gleichmäßigkeit aufwies.

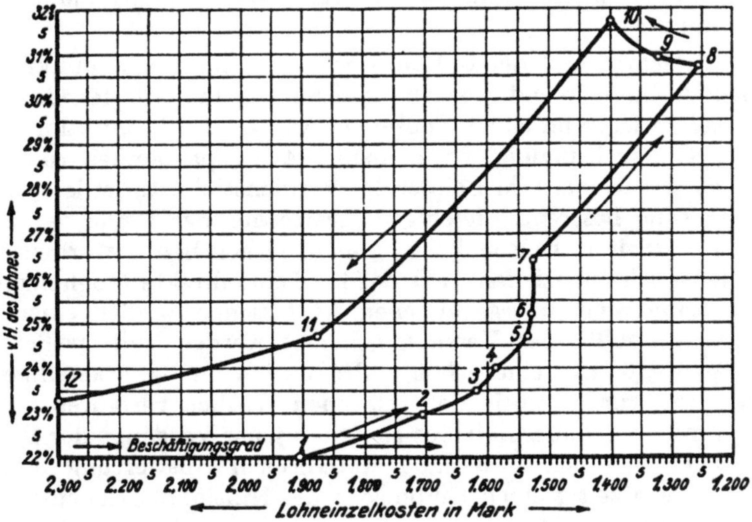

Schaubild VII: Die Hilfslöhne in Abhängigkeit vom Beschäftigungsgrad.

Welche Schlüsse ließen sich aus der graphischen Darstellung ziehen? — Die normale Arbeitskapazität unseres Werkes lag bei einer solchen wöchentlichen Ausbringung, die an Lohneinzelkosten Aufwendungen von ca. 1900 bis 2000 M. beanspruchte. — Eine drängende Kreditnot und der Mangel an genügendem Betriebskapital zwang die Betriebsleitung, von diesem normalen Satz herunterzugehen und eine Einschränkung der Produktion in die Wege zu leiten. Es wurde bestimmt, in langsamem Abbau die Gußfertigung auf nahezu die Hälfte zu reduzieren. Das Kurvenbild belehrte darüber, daß mit der stetigen Drosselung von Woche zu Woche die Prozentzuschläge stiegen, d. h. die anteiligen Hilfslohnkosten pro Erzeugungseinheit zunahmen.

[1]) Vgl.: Unsere Ausführungen Kapitel 10, b.

Was durch diese Erscheinung bestätigt wird, ist die jedem Betriebsfachmann vertraute Tatsache, daß die Hilfslöhne in der Praxis nicht gleichmäßig mit der Produktion herabzuschrauben sind.

Die Steigerung der Hilfslohnkurve verlief bis zu einem Lohnstand von 1500 M. langsam und stetig. Es schien, als wenn bei dieser Höhe ein relativ günstiger Grenzpunkt überwunden wurde; denn schon ein geringer weiterer Rückgang in der Produktion hatte sofort ein stärkeres Steigen der Hilfslohnteile im Gefolge. Der steilere Anstieg führte so weit, daß beim Fertigungslohnstand von 1258,05 M. ein Hilfslohnsatz von 30,7 vH erreicht wurde. — Das besagte nichts anderes, als daß bei einer Produktionsbeschränkung auf 60 vH des normalen Fassungsvermögens nur ein erheblich geringerer Rückgang der Hilfslohnkosten bis auf 93 vH ihres normalen Ausgangswertes (419,32 M.) erwirkt werden konnte.

Bei diesem Stand der 8. Lohnwoche war ein Wendepunkt im allgemeinen Abbau erreicht worden. Äußere Umstände boten damals die Möglichkeit, wieder an einen langsamen Aufbau der Produktion und gesteigerte Gußausbringung zu denken. Aus Sparsamkeitsrücksichten — ähnlich wie in unserem Beipiel der Verdienstlohnstatistik — war die Betriebsleitung bestrebt, diejenigen Kräfte aus der Reihe der »unproduktiven« Arbeiter, welche beim Abbau entbehrlich geworden waren, nicht wieder hereinzuziehen. Erstens lag keine direkte Möglichkeit vor, die zur Landarbeit übergegangenen Entlassenen wieder einzustellen, und zweitens sollte der Versuch gemacht werden, mit größerer Anspannung der Kräfte eine erhöhte Produktion zu bewerkstelligen. In diesem Sinne wurde also in den folgenden Wochen verfahren.

Man mußte bedauern, daß es zu Zeiten jener Vorgänge der Betriebsleitung noch an einer passenden statistischen Auswertung mangelte, die bereits rechtzeitig einen Einblick in die Hilfslohnkostenentwicklung hätte geben können. Dadurch wäre es möglich gewesen, in irgendeiner Weise dem ungünstigen Ergebnis, das sich in den folgenden Wochen ergab, entgegenzuarbeiten. So aber wurde man leider erst nachträglich darauf aufmerksam gemacht, daß sich der Versuch, mit verminderten Hilfslöhnen zu arbeiten, letzten Endes als ein Fehlschlag herausgestellt hat. Das Kurvenbild vermochte dafür einen deutlichen Beweis zu liefern: Man hätte erwarten können, daß bei einer Erhöhung der Ausbringung die Hilfslohnsätze eine Senkung erfahren würden. Im Widerspruch dazu ergab sich aber, daß eine geringfügige Erhöhung der Produktion von der 8. zur 9. Woche keinerlei Rückgang, sondern ein Stagnieren des Prozentsatzes nach sich zog. — Eine weitere Steigerung der Produktion in der 10. Woche brachte sogar das unerwartete und seltsame Ergebnis, daß das Hilfslohnelement noch immer nicht fiel, sondern höher nach oben lief. Man stand vor der Tatsache, daß die Hilfslöhne sich auf 31,7 vH erhöht hatten.

Als nach den Ursachen dieser außergewöhnlichen Kurvenbewegung geforscht wurde, ergab sich, daß die vorhandenen Hilfskräfte die notwendigen Verrichtungen in normalem Arbeitsgange nicht mehr zu bewältigen vermochten. Wie es in solchen Fällen dann häufig vorkommt, bemühte sich vom Betriebspersonal niemand, diesem Umstand in richtiger Weise Rechnung zu tragen. Man glaubte, von seinem Standpunkt das Problem am besten lösen zu können, indem man Überstunden machen ließ. Durch diese Maßnahme brachte man es dahin, daß das löbliche Streben der Betriebsleitung nach Ersparnis durch die Auszahlung von Prämien- und Überstundengeldern in krasses Gegenteil verwandelt wurde. — Wenn auch bei weiterhin steigender Beschäftigung und beschränkter Neueinstellung von Hilfsarbeitern in jenem Punkte der 10. Woche das ungünstigste Ergebnis erzielt worden war, so blieb es dabei, daß man trotz eines allmählichen Abfalls der Kurve den günstigen Ausgangspunkt in den nächsten Wochen nicht wieder erreichen konnte. — Einesteils machte sich hierbei die äußerst schnelle Rückkehr zur normalen Ausbringung insoweit kostspieliger bemerkbar, als die vorhandenen Hilfskräfte den gesteigerten Anforderungen nicht zu genügen in der Lage waren. Als zweites Moment kam noch die Rückwirkung gewisser sozialer Rücksichten hinzu: — Beim Abbau waren nämlich aus menschlichen Erwägungen vornehmlich junge, kräftige Leute entlassen worden, während ältere, verheiratete Arbeiter behalten wurden. Die Folge davon waren weniger ausdauernde Arbeitskräfte und erhöhte Löhne durch Sozialabgaben, die offensichtlich in ungünstigem Sinne auf das Endergebnis eingewirkt haben.

Es mußte als ein besonderer Vorzug der oben beschriebenen Auswertung gelten, daß sie neben den Einblicken in die Hilfslohnkostenentwicklung bei wechselndem Beschäftigungsgrad, auf die es in erster Linie ankam, durch eine interessante Verknüpfung wieder einmal deutlich die Notwendigkeit statistischer Betriebsüberwachung vor Augen zu führen in der Lage war. Da die Betriebsleitung in unserem Falle eine gute Lehre empfangen hatte, bemühte sie sich eifrig, die Studien über die Kosten bei schwankendem Beschäftigungsgrad fortzusetzen. Im Hinblick auf das Hilfslohnelement hatte man es bereits durch obige Auswertung erreicht, eine wichtige neue Kalkulationsgrundlage zu finden.

Geht man daran, an Hand der oben besprochenen Prozentzahlen (Tabelle 5, Spalte 3) das Gesetzmäßige in der Ab- und Zunahme der »Unkostenlöhne« beim Steigen oder Nachlassen des Beschäftigungsgrades herauszulesen, so wird man leicht zu einem einheitlichen Bild gelangen. Der grundsätzliche Charakter des Hilfslohnelementes wurde für den Fall des betrachteten Betriebes durch unseren Kurvenzug deutlich enthüllt. Der hyperbelförmige Kurvenast, der asymptotisch der Abszisse zustrebt, stellt den typischen Ausdruck eines degressiven Kostenteiles dar. Zwar müssen wir erkennen, daß die Hilfslohnkosten im Rahmen der graphischen Konstruktion keineswegs genau mathematischen Gesetzen gehorchen. — Das deutet bereits darauf hin, daß aus unserer Darstellung keine allgemein gültigen Regeln gewonnen werden können. Deshalb verbietet sich auch eine kritiklose Verallgemeinerung unserer obigen Erkenntnis über die Grenzen des betrachteten Einzelbetriebes hinaus für beliebige andere Betriebsverhältnisse. Das ist eine Einschränkung, die bei der großen Unterschiedlichkeit der einzelnen Betriebe für alle organisatorischen Probleme gemacht werden muß. Im einzelnen Unternehmen allerdings, wo man sich der Mühe einer statistischen Auswertung im obigen Sinne unterzieht, wird man stets zu einer wichtigen Erkenntnis über die verschiedenen Abhängigkeitsgrade der betrachteten Kostenarten gelangen hönnen. Von diesem Gesichtspunkt aus soll der einzelne Betriebsstatistiker weiter forschen. Das wird sichtliche Fortschritte auf dem Wege zu einer genauen Kostenerfassung des ihm anvertrauten Betriebes bringen.

11. Leistungsstatistik und Leistungsvergleich.

Mit einer gewissen Folgerichtigkeit werden wir nach dem Abschluß der Lohnkostenbetrachtung auf ein neues betriebswissenschaftliches Betätigungsfeld, die Leistungsstatistik, gewiesen. Der organische Zusammenhang zwischen Kosten- und Leistungsstatistik beruht auf der funktionellen Abhängigkeit von Arbeitskosten und Arbeitsleistung. Es hat sich herausgestellt, daß ein Minimum der Selbstkosten nur erreicht werden kann, wenn das Optimum der Arbeitsleistung aus dem Produktionsapparat herausgeholt wird. Daraus ergibt sich zwangsläufig die Forderung, im Anschluß an die Kostenüberwachung auf eine optimale Leistung sämtlicher Betriebsfaktoren hinzuwirken. Insoweit menschliche Arbeitskraft in Frage kommt, entsteht die Notwendigkeit einer Beaufsichtigung und Kontrolle infolge eines psychischen Momentes: Arbeiten, die einer Kontrolle unterzogen sind, werden gewissenhafter, sorgfältiger, häufig auch schneller ausgeführt[1]). — Sowohl die systematische Leistungssteigerung als auch die Arbeitskontrolle hat zur Voraussetzung, daß genaue Zahlenunterlagen über die Betriebsleistung vorhanden sind. Es versteht sich, daß man die Leistungsergebnisse erst dann zweckgemäß beeinflussen kann, wenn man ihre zahlenmäßige Zusammensetzung kennengelernt hat. Das beweist die Notwendigkeit einer genauen Leistungsstatistik. Trotz dieser elementaren Selbstverständlichkeit werden in vielen Betrieben Leistungsermittlungen und Leistungsvergleiche als überflüssig und unwirtschaftlich angesehen. Einesteils läßt sich diese Stellungnahme dadurch erklären, daß die Leistungsstatistik einen isolierten Charakter trägt und allgemein als

[1]) Vgl. Leitner, Kontrolle, S. 11.

ein nicht unbedingt notwendiges Bindeglied in der Kosten- und Erfolgsrechnung betrachtet wird. Vom kalkulatorischen Standpunkte glaubt man meist genug zu tun, wenn man reine Rentabilitäts- oder Kostenstatistik treibt. Dabei läßt man die Frage außer acht, wie sich unter obwaltenden Verhältnissen der Wirkungsgrad in der Werkstatt entwickelt, ob eine Steigerung oder ein Abfall der Leistung Platz greift. Aber gerade diesen Verhältnissen Rechnung zu tragen, muß zur Forderung erhoben werden, wenn man sich mit den Zielen und Theorien der neuzeitlichen Betriebswissenschaft in Einklang setzen will.

Wir sind der festen Überzeugung, daß das Problem der Leistungsmessung ein Arbeitsgebiet darstellt, welches vor allem neuerdings immer mehr an Bedeutung gewinnen muß, weil es ganz und gar aus dem Geiste moderner wissenschaftlicher Betriebsführung geboren worden ist. Bekanntlich hat sich diese die Auffindung ökonomischer Arbeitsmethoden und ihre Anwendung in der Betriebspraxis zur Aufgabe gesetzt. Der Weg zu einer demgemäßen Reorganisation und Planung der Arbeitsverrichtungen führt notwendigerweise über einzelne Leistungsuntersuchungen, wie wir sie im folgenden schildern wollen. — Es ist das große Verdienst Taylors, in jener Hinsicht durch seine Studien bahnbrechend gewirkt zu haben[1]). Noch immer sind die Stimmen einzelner Kritiker nicht verstummt, die es sich zur Aufgabe gemacht haben, die tayloristischen Bestrebungen nach rationellstem Arbeitsvollzug weidlich zu diskreditieren. Man bemüht sich, die zwangsläufige und systematische Fabrikorganisation, welche sich folgerichtig bei der wissenschaftlichen Durchdringung des Betriebes ergeben muß, als ein »verhängnisvolles System« darzustellen, das auf die Ausbeutung und Versklavung der Arbeiterschaft ausginge. Hier liegt — so möchten wir sagen — eine völlige Verkennung, wenn nicht gar wissentliche Verdrehung von seiten der Gegner vor. Auch im Rahmen unserer Ausführungen muß darauf hingewiesen werden, daß es ein eigentliches »Taylorsystem« gar nicht gibt[2]). Die Arbeiten Taylors stellen vielmehr eine große Fülle von Forschungen auf dem gesamten Gebiete der Arbeitswissenschaft dar. Als ihr wesentlicher Grundgedanke verdient festgehalten zu werden, daß man die Gesamtheit der komplizierten Arbeitsvorgänge in ihre Elemente auflösen muß. In Verfolg zuerst rein metallurgischer Untersuchungen wurde Taylor dahingeführt, seine Aufmerksamkeit auch den fabrikatorischen Arbeitsgängen zuzuwenden und zu versuchen, den wichtigsten Faktor dabei, die menschliche Leistung, zu analysieren. Auf diese Weise ist der Anstoß gegeben worden, sich überhaupt mit dem Problem »Mensch und Arbeitskraft« im in-

[1]) Anm. d. Verf.: In der folgenden Besprechung über »Taylorismus« stütze ich mich auf die Ausführungen von Prof. Auler im Kolleg über »Industriebetriebslehre«, S. S. 1925.

[2]) Vgl. Heidebroek, Industriebetriebslehre, S 138.

dustriellen Betriebe zu beschäftigen. Wie ungeheuer wertvoll Leistungsstudien sein können, hat Taylor selbst bewiesen; es ist ihm gelungen, eine ganz erstaunliche Leistungssteigerung durch sorgfältigere Einteilung und Anordnung des Arbeitsganges zu erreichen.

Im Zusammenhang mit den Arbeiten Taylors erwuchs der Begriff der Zeitstudie, d. h. der genauen Zeitfeststellung für kleinste Arbeitselemente. — Über die Systematik des Zeitstudiums mit allen einschlägigen Fragen ist in der letzten Zeit so viel veröffentlicht worden[1]), daß ein weiteres Eingehen auf Einzelheiten eine Wiederholung bedeuten würde.

Wohl haben Taylors Grundsätze im allgemeinen Anerkennung gefunden. Sei es nun, daß sich Bedenken gegen eine drohende Überorganisation erhoben haben, welche den tayloristischen Ideen bei ihrer Überspannung sehr wohl entspringen kann, oder daß sonst eine gewisse Abneigung vorherrscht: auf jeden Fall stehen wir heute noch vor der Tatsache, daß die Praxis erst in geringem Maße zur Nutzanwendung von Taylors Lehren geschritten ist. — Man würde den wirklichen Verhältnissen nicht gerecht, wenn man verkennen wollte, daß der Taylorismus und das Zeitstudienwesen noch weit davon entfernt sind, ihren Eingang in die Gießereipraxis gefunden zu haben.[2]) Dieser Umstand ist für die nachfolgende Behandlung der Leistungsstatistik von wesentlicher Bedeutung.

Zweifelsohne kann man es als einen häufigen Fehler betriebswirtschaftlicher Abhandlungen betrachten, daß eine Berufung auf irgendwelche Unterlagen erfolgt, die in der Betriebspraxis vielfach nicht in Frage kommen. Wir würden denselben Fehler begehen, wenn wir bei einer Leistungsstatistik unseren Ausgang von einem feingliedrigen Zeitstudiensystem nehmen würden, das in der Mehrzahl der Gießereibetriebe nicht vorhanden ist. Deshalb muß der Versuch gemacht werden, auch mit Hilfe möglichst einfacher Zahlenunterlagen zum Ziele zu gelangen. Gerade für solche Betriebe, die bisher mit Rücksicht auf die Grenzen ihrer Organisation von Leistungsmessungen Abstand genommen haben, ist es besonders wichtig, aus vorhandenem oder leicht erhältlichem Zahlenmaterial eine Leistungsstatistik aufbauen zu können.

Allgemein versteht man unter Leistung im industriellen Arbeitsprozeß das Verhältnis des Arbeitsproduktes zu der darauf verwandten Arbeitszeit[3]). Im Gießereibetriebe würde man demnach eine Leistungsermittlung nach einer Formel

$$L = \frac{\text{Reingußmenge}}{\text{bestimmte Zeiteinheit}}$$

[1]) Vgl. Die Standardwerke, O. Fahr, »Einführung von Zeitstudien«, und Michel, »Wie macht man Zeitstudien«. Speziell für Gießereiverhältnisse verweise ich auf den Aufsatz von Axelrad, Gießerei, 11. Jahrg.

[2]) Vgl. Die Ausführungen bei Axelrad, S. 17.

[3]) Vgl Diehl, Arbeitsintensität, S. 1.

vorzunehmen haben. Als maßgebliche Faktoren benötigen wir dazu:

1. Die Gewichtszahlen der Reingußergebnisse, entweder für einzelne Arbeitsgruppen oder ganze Abteilungen,
2. die Zahl der Arbeitsstunden, die für die fraglichen Reingüsse in Frage kommen.

Auf die Gewinnung der ersteren ist im Kapitel der Lohnkostenstatistik bereits näher verwiesen. Betreffs der Arbeitsstunden pflegen die Lohnlisten in der Regel genauere Angaben zu enthalten (vgl. Formular 3). Wenn wir nun aus diesen beiden Größen unsere Leistungswerte errechnen wollen, so lassen wir vorläufig eine wichtige zweite Komponente der Leistung, ihren sog. »Gütegrad«, unberücksichtigt. Seine Behandlung soll in einem folgenden Abschnitt, unter der Ausschußstatistik, erfolgen.

a) Der Normleistungswert.

Beginnt man nun in gewissen Intervallen zwei nach obiger Formel errechnete Leistungswerte einer Gießereiwerkstatt vergleichsweise gegenüberzustellen, so ersieht man aus ihnen, ob eine Zu- oder Abnahme der Betriebsleistung von einem zum anderen Zeitpunkt Platz gegriffen hat. Schon im Rahmen unserer Ausführungen über die Verdienstlohnstatistik mußten wir auf eine wichtige statistische Regel verweisen, die für den Vergleich von gleichartigen absoluten Werten die Feststellung einer einheitlichen Beziehungsgröße vorschreibt. Es versteht sich, daß mehrere Leistungswerte, je nachdem man sie kombiniert, die verschiedenartigsten Verhältniszahlen ergeben, wenn es an einer einheitlichen Vergleichsbasis mangelt. Deshalb ist es auch hier ein dringendes Erfordernis, einen Normwert als Maßstab zugrunde zu legen. Vor Beginn der Auswertung muß also ein Normleistungswert ermittelt werden, der in Form einer möglichst konstanten Größe und als Satz für normale Betriebsverhältnisse zu wählen ist.

Es entsteht die Frage, wie eine solche Norm am besten ermittelt werden kann. Man könnte entweder eine Höchst- oder eine Durchschnittsleistung als Grundlage nehmen. Was dies betrifft, so findet man in der Praxis vielfach die Anschauung vertreten, daß notwendigerweise eine »Maximalleistung« als Maßstab genommen werden muß. Darunter versteht man dann eine solche Leistung, die der beste Arbeiter des Betriebes bei höchster Anspannung seiner Kräfte zu erzielen imstande ist. Diese Ansicht finden wir auf Grund konsequenter tayloristischer Anschauung besonders beim Zeitstudienverfahren von Michel vertreten. Dagegen hat O. Fahr in sachlich klarer Form die Mängel einer derartigen Leistungsmessung geltend zu machen verstanden. Ihm gebührt das Verdienst, einen neuen und zweckmäßigeren Weg vorgeschlagen zu haben[1]). Darnach soll zur Normbestimmung nicht

[1]) Vgl. Fahr, a. a. O., S. 23 ff.

der erstklassige, sondern ein beliebiger, voll eingeübter Arbeiter herangezogen werden. Der richtige Kern dieser Überlegung liegt darin, daß die Leistung eines Durchschnittsarbeiters eine gesündere Grundlage abzugeben in der Lage ist als eine einseitige Maximalleistung. Auch vom Standpunkt der Statistik muß Fahrs neue Lösung begrüßt werden, weil sie ganz und gar in den Rahmen der statistischen Methodik paßt. Dieser entspricht die Ermittlung einer Durchschnittsleistung vollkommen; ihr liefe es zuwider, sich auf eine Maximalleistung stützen zu müssen, für die praktisch keine allgemein gültige Norm besteht.

Wie schon früher angedeutet, kann die Gewinnung von durchschnittlichen Normwerten in der Betriebspraxis je nach der Organisation verschieden erfolgen. Hier, im Falle der Leistungsstatistik, wird man natürlich die Normbestimmung ebenso einzuleiten haben, wie man die gesamte Leistungsbetrachtung und -überwachung zu handhaben gedenkt. Am besten verfährt man derart, daß man auf eine bestimmte Betrachtungseinheit zurückgeht (z. B. ein Mann, eine Arbeitsgruppe mit gleichartiger Arbeit leistet pro Tag, Stunde usw.). Demgemäß ist auch für die gleiche Betrachtungseinheit die Festlegung einer Normgröße vorzunehmen. Da solche Leistungsnormen — wie schon oben ausgeführt — grundlegend für die Bestimmung von Lohnnormen sind, ist es geboten, über ihre Gewinnung noch nachträglich eingehender zu sprechen. Wir unterscheiden drei Wege der Normermittlung:

1. Fehlt es aus organisatorischen Gründen an der Möglichkeit, Zeitstudienwerte als idealste Grundlage heranzuziehen, so kann man zu dem Ausweg greifen, aus einer größeren Reihe von praktischen Leistungswerten das arithmetische Mittel zu berechnen. Dies setzt voraus, daß für längere Zeit, täglich oder wöchentlich, die stündlichen Reingußleistungen eines beliebigen, volleingeübten Arbeiters nach der Formel $L = \frac{\text{Reinguß}}{\text{Stundenzahl}}$ bestimmt worden sind.

Der Nachteil eines derartigen Ermittlungsverfahrens liegt allerdings darin, daß der errechnete Durchschnittswert mehr oder weniger von der Zuverlässigkeit der zugrunde liegenden absoluten Zahlen abhängt.

2. Eine zweite Möglichkeit bietet sich, aus sog. Zeitaufnahmen die Normleistung zu bestimmen. Hier ist bereits die Vorstufe des systematischen Zeitstudiums beschritten, nur daß »Zeitaufnahmen« einzig bei Erstausführungen oder im Bedarfsfalle vorgenommen werden.

3. Die letzte und höchste Stufe wird durch die systematische Zeitstudie erreicht. Durch ihre exakten Zeitangaben ist die Statistik am besten in den Stand gesetzt, einwandfreie Größen als Normwert zu benutzen.

Hat man nach einer der drei Methoden die Normleistung festgelegt, so sind die Vorbedingungen unserer Leistungsstatistik erfüllt. Für die praktische Durchführung ist es aber noch nötig zu wissen, inwieweit menschliche Arbeitsleistung einer Reihe von Einflüssen unterliegt, die fördernd oder hemmend auf den Grad der Leistung einwirken können. Zwei hauptsächliche Einflußkomponenten lassen sich dabei unterscheiden:

1. persönliche,
2. unpersönliche[1]).

Die ersteren resultieren aus persönlichen Einwirkungen von seiten der einzelnen Arbeiter. Zu nennen sind beispielsweise Arbeitsfähigkeit, Arbeitslust und körperliche Beschaffenheit des Arbeitenden. Unpersönliche Komponenten sind in typischen Betriebsverhältnissen und im individuellen Rahmen der einzelnen Gießereiwerkstatt begründet. Dies besagt, daß die jeweilige Produktionsbasis, die bestehende Organisation und sonstige Eigenheiten des Arbeitsfeldes von maßgeblichem Einfluß auf den Grad der Arbeitsleistung sein können.

An Versuchen, die persönlichen Einflüsse im Arbeitsprozeß zu analysieren und grundsätzliche Schlüsse über den Faktor »seelische Disposition« der Arbeiter zu ziehen, hat es in der modernen Arbeitswissenschaft nicht gefehlt. Außerordentlich interessante Arbeiten[2]) sind über dieses Problem geschrieben worden, — ohne allerdings bestimmte greifbare Ergebnisse zu zeitigen. Deshalb ist es uns vorläufig leider noch verschlossen, die persönlichen Komponenten mit ihren stets wechselnden Einflüssen irgendwie zahlenmäßig in unsere Statistik einzubeziehen.

Für den Fall der unpersönlichen Komponenten sind wir in einer günstigeren Lage, zumindest was den Gießereibetrieb betrifft. — Nicht mit Unrecht hat man die Gußwarenfertigung als »Massenfabrikation« bezeichnet[3]). Das Kriterium der Massenfabrikation ist für den Gießereibetrieb deshalb gegeben, weil »eine große Menge von gleichartigen Erzeugnissen in gleichbleibender Beschaffenheit« erarbeitet wird[4]). Dieser Umstand bedeutet für die Wirksamkeit der Leistungsstatistik im Gießereibetriebe einen großen Vorteil gegenüber einem Betrieb mit Einzelfabrikation. Die Dinge liegen insofern einfach, als ein ständiger Wechsel der unpersönlichen Einflußkomponenten im allgemeinen nicht in Frage kommt. Mit Ausnahme des Falles, daß eine grundlegende Änderung der Produktionsverhältnisse stattgefunden hat, wird man gleiche Arbeitsbedingungen und gleiche Komponenten voraussetzen können. Allerdings kann es bei einem Betriebe mit stark unterschiedlicher Gußfertigung vorkommen, daß eine Produktionsverschiebung und Leistungs-

---

[1]) Vgl. Steinthal, Intensitätsmessungen, S. 2 ff.

[2]) Vgl. Sachsenberg, O. Fahr, Schlesinger, Moede u. a. m.

[3]) Vgl. Calmes, Fabrikbetrieb, S. 19.

[4]) Anm. d. Verf.: An dieser Tatsache wird auch nichts dadurch geändert, daß ein einzelnes Gußstück je nach Art des Modells eine verschiedenartige Behandlung beim Einformen erfährt. Die Arbeitsverrichtungen bleiben in ihren Grundzügen stets dieselben.

änderung miteinander oder gegeneinander wirken, ohne daß ihre Einzelwirkungen eindeutig zu erkennen sind. Hier sind keine allgemein gültigen Regeln aufzustellen. Grundsätzlich soll es nur gelten, daß jeder tiefergreifenden Umstellung der Arbeitsmethoden durch Ermittlung eines neuen Normwertes Rechnung getragen werden muß.

b) Die praktische Anwendung.

Als Beleg für unsere obigen Ausführungen soll in den nachfolgenden Darlegungen ein Beispiel aus einem Gießereiunternehmen geliefert werden, dem keinerlei Zeitstudienunterlagen zur Verfügung standen. Für eine Werkstatt, in der bei wechselnder Gußherstellung Maschinenteile im durchschnittlichen Stückgewicht von 20 bis 30 kg angefertigt wurden, ergaben sich die Leistungszahlen der Tabelle 6. Die zugehörige graphische Auswertung wurde im Schaubild VIII wiedergegeben. — Im Sinne unserer Darlegungen ist dabei derart verfahren worden, daß der Normleistungswert als Sollinie für die effektiven Leistungswerte (stündliche Reingußleistung eines Arbeiters) eingezeichnet wurde.

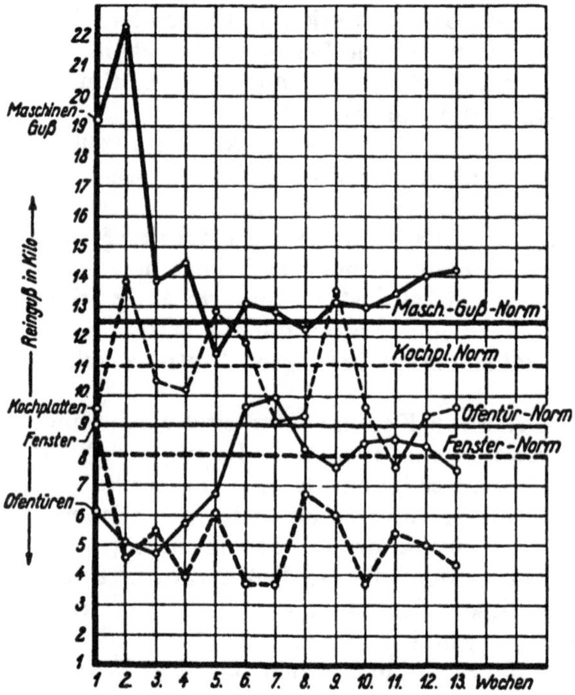

Schaubild VIII: Former-Leistungskurven.

Ein Blick auf das Schaubild belehrt uns, daß in den ersten beiden Betrachtungswochen eine beachtliche Mehrleistung bei den Maschinenguß- und Kochplattenformern gegenüber dem Normwert erzielt worden ist. Zur Erklärung dieser Erscheinung teilte die Betriebschronik mit, daß die hohen Reingußergebnisse keineswegs auf irgendwelche Änderungen der unpersönlichen Komponenten zurückzuführen waren. Tatsächlich konnte in der Gießerei — insbesondere bei den Maschinengußformern — eine Steigerung der Leistungsintensität beobachtet werden. Die Meister bestätigten, daß einesteils intensiver gearbeitet und andernteils weniger Ausschuß gegossen wurde. Die Gründe dafür konnten unschwer als Nachwirkungen eines längeren erfolglosen Ausstandes erkannt werden, nach dessen Beendigung besonnene und gute Former wieder eingestellt worden waren. Beim weiteren Verfolgen der Kurve über die ersten beiden Wochen hinaus ergab sich, daß die anfangs günstigen Leistungsergebnisse in den folgenden Wochen einen erheblichen Rückgang erfuhren. — Diese Entwicklung war dadurch zu erklären, daß die Belegschaft offensichtlich wieder von einem gewissen Sicherheitsgefühl ergriffen worden war. Man ging nicht fehl, als man den Leistungsabfall unter den Normsatz herab mit dergleichen psychologischen Momenten in Verbindung brachte, — wenn diese auch nicht allein von ausschlaggebender Bedeutung gewesen sind. Mitgewirkt hatte der Umstand, daß zum gleichen Zeitpunkt die Neueinstellung von 7 fremden Formern erforderlich geworden war. Bei diesen neuen, wenig eingearbeiteten Kräften traten minderwertige Leistungsergebnisse in die Erscheinung, die den Gesamtleistungsgrad ungünstig beeinflussen mußten. — Da dieser Zustand in der Folgezeit anhielt, war es nötig, daß die Betriebsleitung ihre Meister veranlaßte, auf bessere Leistungswerte hinzuarbeiten. Dem war es bis zu einem gewissen Grade zuzuschreiben, daß sich in der 10. Woche der Ansatz zu einer Besserung bemerkbar machte.

Von gegenteiligen Leistungsergebnissen, wie wir sie eben beim Kochplatten- und Maschinenguß feststellen konnten, schienen die Leistungswerte der Ofentür- und Fensterformer Zeugnis abzulegen. Ihre zugehörigen Kurvenzüge im Schaubild VIII bewiesen deutlich, daß irgendein gewichtiger Umstand die vorerwähnten Einflüsse, welche sich doch auf die gesamte Werkstatt erstreckt hatten, für diese Formergruppen ausgeschaltet haben mußte. Diese rätselhafte Erscheinung fand allerdings bei näheren Untersuchungen darin ihre Erklärung, daß das Werk als Folge einer augenblicklichen Notlage gezwungen war, mit einem Eisensatz für Spezialmaschinenguß den Abguß von dünnwandigen Ofentür- und Fensterteilen zu bewerkstelligen. Da die dünnen Formteile nur schwer mit dem schweren Eisen zu füllen waren, blieb es unvermeidlich, daß sich der Reinguß dieser Stücke durch sein Abhängigkeitsverhältnis zum Maschinen- und Kochplattenguß ungünstig gestaltete. Mit dieser Klarlegung hatte die leistungsstatistische Auswertung über ihren eigentlichen Rahmen hinaus zur Aufdeckung eines nicht alltäglichen, aber wichtigen Betriebsvorfalles geführt.

12. Die Gießerei-Ausschuß-Statistik.

Wie wir bereits andeuteten, steht der Leistung nach Quantität eine Leistung nach Qualität gegenüber. Die eben geschilderte Leistungsstatistik hatte die Erfassung des quantitativen Erfolges zur Aufgabe. Ihr hat als notwendige Ergänzung eine Ausschußstatistik, mit dem Zweck einer qualitativen Leistungsüberwachung, zur Seite zu treten. Der Gütegrad der Gießereileistung ist abhängig von der

Ausschußquote und drückt sich in dem Verhältnis von Ausschuß zur Reingußmenge aus.

Bekanntlich gehört im Gießereibetriebe ein gewisser Ausschußprozentsatz zu den unabstellbaren Übeln. Einesteils mag dies eine psychologische Folgeerscheinung der Akkordarbeit sein, welche leicht dazu führen kann, die Qualität der Arbeit zu verschlechtern, infolge der vorhandenen Neigung, große Quantitäten zu erzielen. Schon in dieser Hinsicht vermag eine strenge Kontrolle durch eine Ausschußstatistik erzieherisch zu wirken. Aber noch aus zwei anderen Gründen erscheint eine Ausschußüberwachung ratsam:

1. Im Hinblick auf eine gerechte Lohnpolitik,
2. im Hinblick auf eine genaue Kostenrechnung.

Vielfach gibt bei dem vorherrschenden Stückakkordsystem in der Gießerei der Ausschußguß zu Streitigkeiten Veranlassung, weil der Arbeitsverdienst des Formers durch Nichtbezahlung der Ausschußstücke erheblich geschmälert werden kann.

Hier erhebt sich die Frage: Wodurch entsteht hauptsächlich der Gießereiausschuß? — Zweifelsohne spielt die Befähigung des Formers eine ausschlaggebende Rolle dabei. — Läßt er sich eine grobe Ungeschicklichkeit zuschulden kommen, so wird er ohne weiteres die Kosten tragen müssen. Aber jeder Gießereimann weiß, daß in einer Gießerei, wo Hunderte von Typen erzeugt werden, die Fälle häufig so liegen, daß weder der Former, noch der Kernmacher, noch der Meister für den größten Teil des Ausschusses verantwortlich gemacht werden kann[1]). Tatbestände also, in denen eine direkte Schuld nachweisbar ist, sind nicht immer die Regel. Gerade deshalb sehen viele Gießereien ganz oder teilweise davon ab, die Arbeiterverdienste irgendwie für die Ausschußkosten in Anspruch zu nehmen. Es sollte dann aber nicht unterbleiben, größere Ausschußmengen fortlaufend zu notieren und — wie es manchmal geschieht[2]) — auf einzelne Formerkonten (vgl. Formular 5) zu verteilen, um den einzelnen Mann mittels seines Schuldkontos zu verbesserter Leistung anzuregen. Die dazu nötigen Angaben lassen sich leicht aus den einzelnen Akkordzetteln zusammenstellen.

Was die kalkulatorische Anrechnung des Ausschusses betrifft, so wissen wir, daß die »Harzburger Druckschrift« einen allgemeinen Prozentsatz von 8 vH des Reingusses als Ausschußrisiko in Vorschlag bringt[3]). Eine Verrechnung auf derartig genereller Grundlage kann niemals den Anspruch auf allgemeine Gültigkeit erheben. Tatsächlich unterliegen die Ausschußergebnisse einem stetigen Wechsel, ganz abgesehen davon, daß sie in verschiedenen Betrieben ganz unterschiedlich zu sein pflegen. Die Angaben der »Harzburger Druckschrift« sollen deshalb

[1]) Vgl. Leber, a. a. O., S. 70.
[2]) So bei Borsig, Tegel.
[3]) Vgl. Harzburger Druckschrift, S. 4.

Ausschuß.

Former: *Michel*

Woche	Komm.	Stück	Benennung	Modell	Gew.	Fehler	Gesamt-Lohn	Anteile Former	Anteile Werk
5.	G 706	1	Excenter	KB 58 e	8,5	Modellfehler	0,25	0,06	0,19
„	„	1	„	„	7,8	Formgedrückt	0,25	0,25	—
„	G 604	1	Rieselplatte	50 621	96,0	schlackig	1,70	0,85	0,85
„	G 706	2	Hebel	KB 101	2,0	mattes Eisen	0,40	—	0,40
„	„	1	„	„	1,3	porös	0,20	0,15	0,05
							2,80	1,31	1,49

Formular 5.

nur als »Anleitungen« gewertet werden, die keineswegs von genauen Einzelermittlungen über die jeweiligen Ausschußquoten zu entbinden vermögen. Es erhebt sich nur die Frage, welche Art der Ausschußbetrachtung für die Gießereistatistik am besten zu wählen ist. Grundsätzlich können dafür nämlich zwei Möglichkeiten in Frage kommen: Erstens eine in genaueste Einzelheiten gehende Ausschußermittlung für jeden vorkommenden Gußteil, oder zweitens eine generelle und verallgemeinernde Durchschnittsberechnung. Für beide Methoden lassen sich praktische und theoretische Verfechter finden. Auf der einen Seite steht an erster Stelle Engelbert Leber, der infolge seines Strebens nach einer exakten und möglichst direkten Stückkalkulation jeweils den stückweisen Ausschußentfall einzelner Gußtypen ermittelt sehen möchte. Aber es ist allgemein bekannt, daß die Praxis sowohl in diesem als auch in vielen anderen Fällen den theoretisch idealen, praktisch aber schlecht realisierbaren Forderungen Lebers nicht nachzugehen vermocht hat. Das lag vor allem daran (wie Leber selber einräumen mußte), daß bei einer detaillierten Ausschußbetrachtung stark vergrößerte Schwierigkeiten und erhöhte Durchführungskosten zu entstehen pflegen, die nur schwer in ein gesundes Verhältnis zu dem erzielbaren Nutzen zu bringen sind.

So ergab es sich, daß im besonderen Messerschmidt — neben vielen anderen Praktikern — wieder dem Standpunkt zur Geltung verhalf, lieber mittels einer leicht durchführbaren Durchschnittsrechnung als mit schwierigen Einzelermittlungen eine Ausschußerfassung in die Wege zu leiten. Er bezog also, ohne Rücksicht auf die Differenzierung der einzelnen Gußtypen, die Summe der Ausschußzahlen wieder direkt auf die zugehörige Gesamtzahl der Reingußergebnisse. — In diesem wie in manchen anderen Punkten ist ihm, wie oben bereits angedeutet, die Harzburger Druckschrift mit ihrer generellen Betrachtungs- und Verteilungsmaßnahme voll und ganz gefolgt. Damit scheint auf Grund praktischer Erwägungen die Frage für und wider die beiden Formen der Ausschußbetrachtung zugunsten der durchschnittlichen Verrechnungsweise gelöst. In der Tat kann man die Beobachtung machen, daß in sehr vielen Betrieben bei nicht gerade außergewöhnlichen Schwankungen der Stückgewichte wirklich gleichmäßiges und recht brauchbares Zahlenmaterial für statistische Forschungszwecke gewonnen werden kann. Dafür hoffen wir durch nachfolgendes Beispiel ein klares und sprechendes Bild geben zu können.

Je nachdem es die Organisation am besten zuläßt, stellt man die täglichen Ausschußgewichte nach dem Ausleeren am Formerplatz oder nach der Gußreinigung in der Putzerei fest[1]). Eine möglichst vollkommene Gliederung der Ausschußmenge in »unverschuldeten« und »verschuldeten«[2]) Ausschuß muß dabei angestrebt werden. Zugleich versteht sich aus rein praktischen Gründen, daß die Festlegung und Niederschrift der ermittelten Ausschußzahlen am besten zusammen mit den Reingußzahlen erfolgt. Diese beiden Angaben gehören naturgemäß zueinander, weil eine Betrachtung von Ausschuß ohne Reinguß und umgekehrt von Reinguß ohne Ausschuß schlecht durchführbar ist. Darum sollte ja — wie oben vorgeschlagen — ein einheitlicher Gußbericht (vgl. Formular 4) alle diesbezüglichen Angaben miteinander vereinen. Dort findet also der Statistiker die jeweils benötigten Gewichtszahlen für die Ausschußstatistik vor. Nach ihrer tabellarischen Einordnung wird als endgültiges statistisches Ausdrucksmittel wieder ein graphisches Schaubild entworfen, wo der Ausschußentfall in Hundertteilen des Reingusses — wie im folgenden besprochen — zur Darstellung gelangt.

In Schaubild IX sind für einige Lohnwochen praktische Zahlen über Reinguß- und Ausschußergebnisse graphisch dargestellt worden[3]) (Zahlen aus Tabelle 7 siehe Tabellenanlage). Wie wir aus dem Diagramm entnehmen können, verhielt sich der Ausschuß des betrachteten Betriebes zu den Reingußergebnissen in gewissem Grade korrelativ. Bei hohen Reingußresultaten ergab sich eine Senkung des Ausschußprozentsatzes und um-

[1]) Wenn man ganz korrekt verfahren will, kann man den Ausschuß, der sich nach der Verarbeitung herausstellt, nachträglich auf die betreffenden Gußtage hinzuschlagen. Da die Feststellung dieses Ausschusses aber meistens erst nach Monaten erfolgen kann, wird man notgedrungen auf seine Aufteilung verzichten. Keinesfalls aber ist es gutzuheißen, wie es häufig geschieht, die später ermittelten Ausschußgewichte einfach für die Zukunft zu verrechnen. Das führt zu völlig falschen Bildern.

[2]) Man kann diesen Posten je nach Art der Gußfertigung noch teilen in »Former«- oder »Kernmacherschuld«.

[3]) Anm. d. Verf.: Die Darstellung in Schaubild IX ist im Anschluß an Steinthal: »Intensitätsmessungen« entworfen worden.

gekehrt; eine Erfahrung, die wohl häufiger gemacht werden kann. Dabei können aber so mannigfache Gründe mitspielen, daß keine allgemeinen Regeln aufzustellen sind.

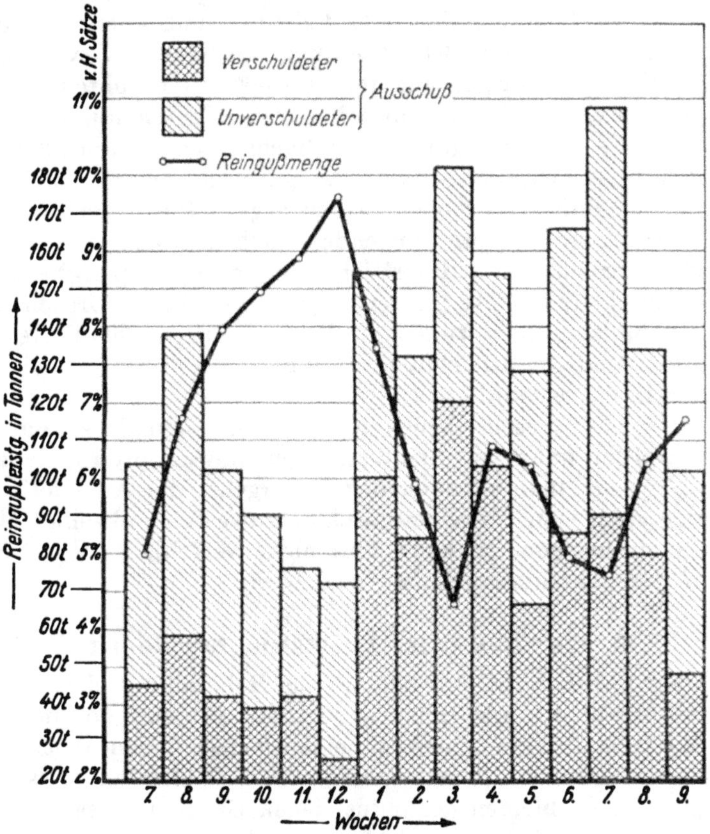

Schaubild IX: Ausschußstatistik.

In unserem Beispiel war der Rückgang des Ausschußgusses einesteils dadurch zustande gekommen, daß der Ofen bei starker Anforderung in laufender Schmelzung gutes und einwandfreies Eisen geliefert hatte, was bei geringerem Bedarf nicht in gleichem Maße zutraf. Andererseits waren es gleichfalls wieder persönliche Einwirkungen seitens der Arbeiter, die unverkennbar in die Erscheinung traten. Eine besondere Beachtung in dieser Hinsicht verdienten die Ergebnisse der 9., 10., 11. und 12. Woche, weil sie deutlich aus dem Rahmen der sonstigen Entwicklung herausfielen. Die kritische Ergründung des Zahlenmaterials für diesen Zeitpunkt führte auf eine interessante Lösung. Es war nicht schwer, für den Rückgang der Ausschußquote von der psychologischen Seite Verständnis zu finden, nachdem in Betracht gezogen wurde, daß zwischen der 12. und der folgenden 1. Lohnwoche einige größere Festtage gelegen hatten. Das war ein stark treibendes Moment für die Arbeiter gewesen, vor den Festtagen einen möglichst hohen Verdienst herausarbeiten zu wollen. Soweit es also in ihren Kräften stand, waren sie bemüht, eine gute Leistung und wenig Ausschuß zu fördern. Aber auch die Betriebsleitung tat durch Gewährung von Sonderprämien ihr Übriges, um ihre Former zu erhöhten Leistungen anzuspornen, weil sie ihr Augenmerk darauf richten mußte, noch vor Eintritt des Festes eine größere Gußmenge herauszubringen. Diese Faktoren wirkten zusammen, um die günstigen Ergebnisse vor den Feiertagen zustande zu bringen. Ganz gegensätzlich zeigte sich aber die Entwicklung in der darauffolgenden Nachfestwoche, wo einmal der Anreiz zur sorgsamen Arbeit fortfiel, zweitens sich eine gewisse Nachfestruhe bemerkbar machte. Es erübrigte sich, diesen Ursachen näher auf den Grund zu gehen, zumal die Nachwirkungen des Festes wieder ausschalteten und die Ausschußquote der Folgezeit in normalen Grenzen zu verlaufen begann.

Was der eben beschriebenen Statistik als besonderer Vorzug angerechnet werden kann, ist ihr illustrativer und dadurch erzieherischer Charakter. Wenn man nämlich dazu übergeht, die Ausschußstatistik in der vorgeschlagenen Weise graphisch auszuwerten und seinen Meistern zugänglich zu machen, so kann dies nicht verfehlen, in günstigstem Sinne auf die Ausschußergebnisse einzuwirken.

13. Eine statistische Qualitätswertermittlung.

Wie wir gesehen haben, führte die Behandlung der Leistungs- und Ausschußstatistik mehrmals dazu, dem subjektiven und persönlichen Teil der Einflußkomponenten bei der menschlichen Arbeitsleistung eine besondere Beachtung zu widmen. Daß es notwendig ist, diesen psychologischen Problemen des industriellen Großbetriebes vollste Aufmerksamkeit zu schenken, bedarf heute keines weiteren Beweises, wo die neuzeitlichen Arbeiterfragen immer gebieterischer fordern, nicht achtlos daran vorüberzugehen. Dieser Umstand legt es nahe, unserer Abhandlung zum Abschluß der statistischen Beispiele eine Sonderbetrachtung anzufügen, die aufs engste mit den vorerwähnten Arbeitsproblemen verbunden ist.

Schon zu Anfang wurde darauf hingewiesen, daß die Arbeitsverrichtungen der Former und Kernmacher vorwiegend handwerklichen Charakter tragen. Dies zieht folgerichtig nach sich, daß jeder Gießereileiter von seinem Arbeitspersonal eine ganz besondere Berufseignung und Befähigung voraussetzen muß. Allerdings ist es keine leichte Sache, bei irgendwelchen Neueinstellungen auf Grund äußerer Merkmale mehr oder weniger gefühlsmäßig über die Fähigkeiten des einzelnen Mannes Klarheit zu gewinnen. Diesbezüglich pflegen häufig

Irrtümer und Mißgriffe vorzukommen, die später unliebsame Folgen nach sich ziehen. Hier ist es dringend erforderlich, irgendwie Wandel zu schaffen; deshalb ist vom Standpunkt des Gießereimannes der betriebswissenschaftlichen Frage nach sinngemäßer Anpassung und systematisch betriebener Auslese der Arbeitskräfte größtes Interesse entgegenzubringen. Fast jeder unter ihnen hat einmal erfahren müssen, wie ärgerlich und hindernd es ist, ungeschulte und schlecht geeignete Köpfe in der Gießereiwerkstatt zu haben. Folglich wird häufig schon gewünscht worden sein, mittels rechtzeitiger Leistungsprüfungen öfters Enttäuschungen, häufigen Wechsel der Arbeitskräfte und schlechte Gußresultate zu vermeiden.

An und für sich stehen zu diesen Zwecken zwei Wege offen:

1. Die psychotechnische Vorprüfung,
2. eine Leistungsmessung auf statistischer Basis.

Je nach der inneren Organisation der einzelnen Betriebe wird man zur einen oder anderen Methode greifen können. Was dabei die psychotechnische Eignungsprüfung betrifft, so liegt auf der Hand, daß sie einen immerhin kostspieligen und komplizierten Hilfsapparat voraussetzt. Das mag auch die Ursache sein, weshalb ihre Nutzanwendung noch in verhältnismäßig geringem Maße erfolgt ist. Nur wenn in großen Betrieben eine volle und ständige Ausnutzung der benötigten Hilfs- und Meßinstrumente gewährleistet ist, wird es erreicht werden können, vom kaufmännischen Standpunkt Aufwand und Nutzen in ein rechtes Verhältnis zu bringen. Dies pflegt allerdings in kleineren Werken nicht immer möglich zu sein. Um aber auch hier, wo es an psychotechnischen Hilfsmitteln mangelt, den Wunsch nach einer Qualitätsprüfung der Arbeitnehmer nicht unerfüllt lassen zu müssen, soll der Versuch gemacht werden, mittels statistischer Methoden auf vielleicht einfachere und nicht weniger gute Weise zum Ziele zu gelangen.

Welche Schwierigkeiten grundsätzlich einer jeden Eignungsprüfung entgegenstehen — sei es die psychotechnische oder eine andere — wurde früher bereits angedeutet. Gerade in bezug auf die Frage der seelischen Arbeitsanlage und alles, was damit zusammenhängt, hat man ja feststellen müssen, daß ein häufiger, manchmal sogar ständiger Wechsel in der körperlichen und geistigen Disposition des Arbeiters stattfinden kann. Dieser Umstand fällt im besonderen bei der psychotechnischen Eignungsprüfung erschwerend ins Gewicht, wo auf Grund eines einmaligen Befundes ein Urteil über den Arbeiter gefällt werden soll. Es muß immerhin zweifelhaft sein, nach Maßgabe eines Einzelergebnisses richtige Gutachten abgeben zu können. Gerade in dieser Beziehung scheint es vorteilhafter zu sein, auf Grund mehrerer Erfahrungswerte, wie es die Statistik tut, irgendwelche Werturteile zu fällen; dies um so mehr, als es darauf ankommt, durch Betriebsstudien aus der Praxis den Menschen in seiner Tätigkeit zu nehmen, wie er tatsächlich ist, und nicht, wie er vielleicht hypothetisch konstruiert werden kann.[1]) — Dazu genügt es natürlich nicht, auf einer allgemeinen und durchschnittlichen statistischen Auswertung— wie etwa oben in Form der Leistungsstatistik — fußen zu wollen. Selbst wenn das dortige Verfahren in den Grundzügen beibehalten werden soll, sind für die Eignungsprüfung genaueste Einzelermittlungen über die verschiedenen Arbeiter naturgemäß unerläßlich. Das bedeutet aber insofern keine schwerwiegende Kostenbelastung, als ihre Durchführung auf einfachste Weise erfolgen kann.

Wie oben gezeigt, sind Zahlenangaben über Reingußmenge und Ausschußentfall geeignet, als Maßstab für Höhe und Güte der Leistung zu dienen. Das weist auf Möglichkeiten, auf umgekehrtem Wege Rückschlüsse betreffs Fähigkeiten und Qualitäten eines Arbeiters anzustellen, wenn Mittel und Wege bestehen, jene beiden Werte heranzuziehen. Es kommt uns dabei zustatten, daß die zahlenmäßige Feststellung der Reinguß- und Ausschußzahlen des einzelnen Formers an Hand seiner Akkordzettel (Formular 2) keine weiteren Schwierigkeiten bereitet. Eben deshalb ist mit Leichtigkeit eine praktische Qualitätsmaß- und Gütestatistik in Anwendung zu bringen, ähnlich wie sie O. Fahr im Rahmen seiner Zeitstudienbetrachtung zum Vorschlag gebracht hat.

Dazu bedarf es an erster Stelle, wie in allen vorherigen Fällen, der Bestimmung einer Solleistung, die als Norm- und Beziehungsgröße für die vorliegenden Arbeitsverhältnisse in Anwendung gebracht werden kann. Über ihre Gewinnung braucht nach den vorangegangenen Schilderungen nichts Neues hinzugefügt zu werden. Liegt dieser Wert fest, so kommt es darauf an, die einzelnen Reingußzahlen der Former in Prozenten der Solleistung und die zugehörigen Ausschußziffern in Hundertteilen ihrer Reingußzahlen auszudrücken, d. h. man hat folgendermaßen zu rechnen:

$$\text{Leistung} = \frac{\text{Reinguß} \times 100}{\text{Solleistung}} = \text{xxxx}$$

$$\text{Ausschuß} = \frac{\text{Ausschuß} \times 100}{\text{Reinguß}} = \text{xxxx}$$

$$\text{Differenz} = \text{Leistungswert} = \text{xxxx}$$

Diese Rechnung führt zu Einzelwerten, welche es möglich machen, durch Abzug des negativen und gütemindernden Ausschußfaktors als Differenzzahl einen maßgeblichen statistischen Leistungswert zur Abgabe des gewünschten Qualitätsurteils zu gewinnen. Hat man nämlich nach obigem Muster eine genügende Anzahl von täglichen Leistungswerten berechnet, so kommt es nur noch darauf an, mit Hilfe einer zweckentsprechenden Zahlenkonzentration die Einzelwerte zusammenzufassen und daraus ein anschauliches Bild zu entwickeln. Dafür ist die Frage entschei-

[1]) Vgl. auch Fahr, a. a. O., S. 78.

dend, welches statistische Konzentrationsverfahren am besten zur Anwendung zu bringen ist. Diesbezüglich können wir uns begnügen, auf früher Gesagtes zurückzugreifen und bei jenen Ausführungen anzuknüpfen, wo über das Daevessche Konzentrationsverfahren und seine Häufigkeitskurven gesprochen worden ist[1]). Dort wurde bereits gesagt, daß die graphische Häufigkeitskurve ein hervorragendes Hilfsmittel zur Charakterisierung und Klarlegung von Eigenschafts- und Gütemaßen darstellt[2]). Insbesondere bei qualitativen Leistungsmessungen, wie wir sie in die Wege zu leiten beabsichtigten, kommt es auf die Erfassung demgemäßer Wertgrößen an; deshalb ist auch hier eine gegebene Gelegenheit, sich die Vorzüge des Daevesschen Verfahrens zunutze zu machen. Die Gründe, weshalb hier gerade dieses und kein anderes Konzentrationsverfahren am Platze ist, sind naturgemäß darin zu suchen, daß die einfache Berechnung eines arithmetischen Mittelwertes niemals ausreicht, um eine einwandfreie Grundlage zur Beurteilung von Leistungszahlen abzugeben. Wie man sich leicht denken kann, ist viel wichtiger, Klarheit darüber zu gewinnen, inwieweit beim einzelnen Arbeiter eine Abweichung seines »häufigsten Wertes« vom Normwert und Streuungen seiner Einzelwerte um den Mittelwert zu konstatieren sind.

Stellt nun jemand die Frage: Was versteht man unter »Häufigkeitskurve« und wie gewinnt man sie? — so genügt es, zur Antwort ein kurzes Beispiel zu geben: Nehmen wir den Fall, es gilt, für folgende Zahlenreihe 1, 2, 3, 4, 5, 6, 7, 8, 9, 2, 3, 4, 5, 6, 7, 8, 3, 4, 5, 6, 7, 4, 5, 6, 5 ein Häufigkeitsbild zu entwerfen. Man wird leicht sehen können, daß die Zahl 5 darin als »häufigster Wert« wiederkehrt. Dazu kommt, daß — nicht ohne Absicht — eine Zahlenreihe gewählt worden ist, wo eine symmetrische Gruppierung der einzelnen Reihenwerte um den »häufigsten Wert« vorliegt. Diese Auswahl geschah mit dem Ziel, folgendes Schema entwerfen zu können:

```
                5
             4  5  6
          3  4  5  6  7
       2  3  4  5  6  7  8
    1  2  3  4  5  6  7  8  9
```

Was durch eine derartige Zahlenanordnung dem Leser bereits vor Augen geführt worden ist, stellt nichts anderes dar, als das rein schematische Zahlenbild einer Häufigkeitskurve. Daraus kann man entnehmen, wie sich ein Häufigkeitsbild durch Übereinanderlagerung der einzelnen Werte je nach der Häufigkeit ihres Vorkommens zu entwickeln pflegt. Es bedarf nur der Übertragung des obigen Schemas auf einen Millimeterbogen und einer abgrenzenden Verbindungslinie

[1]) Vgl. Die Ausführungen auf Seite 10 ff,

[2]) Vgl. Daeves, a. a. O., S. 7 u. 14.

durch die Endwerte desselben, um auch äußerlich diejenige Form des Kurvenzuges kenntlich zu machen, die der Häufigkeitskurve eigen ist. — Solange der Häufigkeitsbetrachtung Zahlenreihen zugrunde liegen, die — wie oben geschildert — eine symmetrische Streuung der Einzelglieder aufweisen, ist es eine Selbstverständlichkeit, daß ihre graphische Auswertung beiderseitig übereinstimmende und regelmäßige Kurvenbilder ergibt. In solchen Fällen haben wir es mit der Grund- und Idealform der Häufigkeitskurve (vgl. Schaub. X) zu tun. Allerdings pflegen praktische Betriebszahlen mit ihren unbestimmten und mannigfachen Abweichungen höchst selten Gelegenheit zu bieten, zu derartig idealen, streng symmetrischen Diagrammen zu gelangen; — sonst würde sich ja die Nutzanwendung des Daeves'schen Verfahrens überhaupt als überflüssig erweisen. Ganz im Gegenteil handelt es sich bei Betriebsergebnissen um ständig schwankende Größen, die eine immer erneute Häufigkeitsüberwachung erforderlich machen.

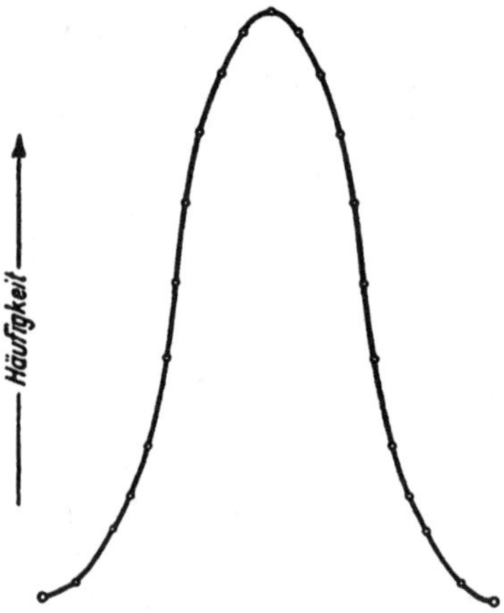

Schaubild X: Idealbild einer Häufigkeitskurve.

Deshalb bedeutet es für den Betriebsstatistiker einen großen Fortschritt, daß Daeves zur Unterstützung bei der Anwendung seines Verfahrens ein praktisches Hilfsgerät ersonnen hat, um den Entwurf von Häufigkeitskurven soweit wie möglich zu erleichtern. Das dazu in Frage kommende neue statistische Gerät ist die sog. »Großzahltafel«. Im Rahmen seines Buches macht uns Daeves mit dem Gebrauch dieses neuartigen Hilfsapparates eingehend bekannt [1]). — Auf Grund persönlicher Erfahrung sind wir der festen Überzeugung, daß die »Großzahltafel« in mehrfacher Hinsicht für den Betriebswirtschaftler wertvoll zu werden verspricht. Wir glauben dies behaupten zu dürfen, weil durch ihre Verwendungsmöglichkeiten nicht allein für den Fall von Häufigkeitskurven, sondern in ganz genereller Weise für sämtliche graphischen Schaubilder die grundlegende und wichtige Frage nach schneller Kurvenkonstruktion gelöst worden ist. Außerdem spielt eine große Rolle, daß die Daevessche Tafel neben ihrer einfachen Handhabung den Vorzug bietet, täglich oder stündlich ermittelte Einzelwerte sofort in die Kurvenauswertung einzufügen und dadurch die Leitung ständig auf dem laufenden zu halten. Damit ist Gewähr für eine unmittelbare Betriebskontrolle gegeben.

---

[1]) Ich verweise diesbezüglich auf die Abbildung und Beschreibung bei Daeves, a. a. O., S. 26 bis 27.

Allerdings braucht ein einzelner Betrieb, selbst wenn man dort vorläufig noch eine Großzahltafel entbehren muß, auf alle Vorzüge einer fortlaufenden Auswertung nicht zu verzichten; denn es ist auch direkt auf graphischem Wege möglich, die Entwicklung der Häufigkeitskurve täglich vor Augen zu führen. Hat man beispielsweise in einem Betriebe — wie oben angegeben — die täglichen Leistungswerte mehrerer Former ermittelt, so tut ein Millimeterbogen dieselben Dienste zur Aufnahme der einzelnen Ergebnisse. Es steht nichts im Wege, täglich neu hinzukommende Werte fortlaufend darin zu verzeichnen und nachzutragen. Verfährt man demgemäß, so wird sich — ähnlich wie bei der Großzahltafel — langsam, aber stetig, ein Flächenbild entwickeln, das in seinen letztmarkierten Punkten jeweils die Form der Häufigkeitskurve und gleichzeitig die Lagerung ihrer Einzelgrößen zum Mittelwert wiedergibt. Je steiler dabei die Kurve nach oben verläuft und je geringer ihr Streuungsmaß ist, um so günstiger muß das Urteil über die Arbeitseignung des betrachteten Arbeiters ausfallen.

Um das klarzumachen, wollen wir daran gehen, obige Darlegungen im einzelnen praktisch zu belegen und durch Beispiele dem Leser näher zu bringen. Vor allem soll dadurch verständlich gemacht werden, was mit der »täglich fortlaufenden« Konstruktion einer Häufigkeitskurve gemeint worden ist. Zu diesem Zweck wurden die einzelnen Punkte der Häufigkeitskurve 2 im Schaubild XI fortschreitend numeriert, so wie sie Tag für Tag bei der Untersuchung ermittelt und eingetragen worden sind. Aus dieser Numerierung ersieht man deutlich, wie das Häufigkeitsdiagramm langsam entsteht und vor den Augen des Beschauers zu einem charakteristischen Kurvenbild emporwächst. Um zu zeigen, wie aus einem derartigen Häufigkeitsbild täglich der Stand der Untersuchung ersehen werden kann, ist beispielsweise für den Stand am 20. Tage durch eine mit Kreuzchen versehene Zwischenlinie der zugehörige Kurvenzug eingezeichnet worden.

Unseren Untersuchungen lag folgender Tatbestand zugrunde: Für drei Former, die seit kurzer Zeit einer Tempergußabteilung angehörten, sollte ein ungefähres Bild über ihre Arbeitseignung gewonnen werden. Gemäß unseren obigen Ausführungen begann man damit, die täglichen Leistungswerte dieser Arbeiter zu ermitteln und daran den Entwurf eines graphischen Häufigkeitsbildes anzuschließen. Dabei verfuhr man in der Weise, daß die Soll- oder Normleistung als Nullpunkt und die täglichen Leistungswerte — entsprechend ihren Abweichungen von der Norm — auf beiden Seiten eingetragen wurden. Man erhielt drei Häufigkeitskurven, deren Wiedergabe in Schaubild XI erfolgt ist.

Was konnte daraus entnommen werden? — Wie man sieht, ergab sich das günstigste Kurvenbild für Former Nr. 2, wo der »häufigste« Leistungswert bei + 1 über der Norm zu finden war. Zugleich bewies das Auftreten relativ geringer Streuungen unter seinen anderen Werten, daß es sich um einen beständigen und zuverlässigen Arbeiter handelte. — Weniger befriedigend waren die Leistungsergebnisse des Formers Nr. 1, weil sie unterhalb der Normleistung kulminierten. Ein solches Ergebnis konnte nichts anderes besagen, als daß man es mit einem nur mäßig leistungsfähigen Gießereiarbeiter zu tun hatte; das machte sich um so mehr bemerkbar, als seine Kurve nur zeitweilig und ganz geringfügig günstigere Werte oberhalb der Norm erkennen ließ. —

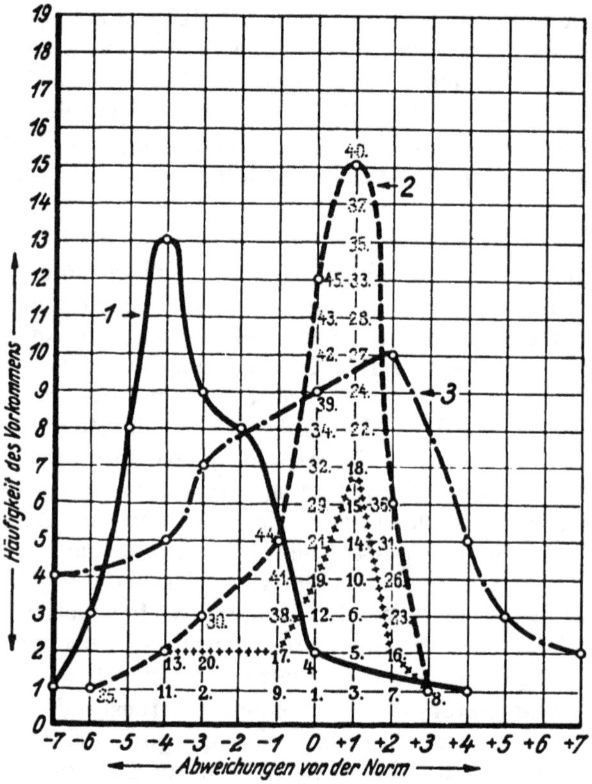

Schaubild XI Häufigkeitskurven aus Leistungswerten.

Was nun das Häufigkeitsbild des letzten Formers betraf, so wurden dabei zweifelsohne die interessantesten Ergebnisse zutage gefördert. Der erste Eindruck, den die stark auseinanderspreizenden Kurvenäste vermittelten, war insofern recht ungünstig, als deutlich erwiesen wurde, daß der betreffende Arbeiter außerordentlich schwankende Leistungen förderte. (Darin ergab sich ein Befund, der deutlich bekundet, wie häufig Fälle vorkommen, wo tägliche Änderungen in der Arbeitsdisposition des Werkpersonals festzustellen sind.) — Immerhin war für unseren Former ein derartiges Ergebnis bedauerlich, weil ein Teil seiner Werte

Andeutungen enthielt, daß er durchaus imstande war, wirklich gute Leistungen zu vollbringen. Dies bot Grund genug für den Betriebsleiter, Nachforschungen darüber anzustellen, ob irgendwelche äußeren Umstände den besagten Former behinderten. Dabei ergab sich, daß keineswegs die äußerlichen Arbeitsverhältnisse, sondern gewisse seelische und damit zusammenhängende körperliche Hemmnisse, die sich auf Grund einer Kriegsverletzung zeitweilig einzustellen pflegten, Schuld an den minderwertigen Leistungen trugen. Dementsprechend bemühte sich die Betriebsleitung, eine beiderseitig befriedigende Lösung durch entgegenkommende Rücksichtnahme bei der Arbeitszuteilung zu finden. In gleicher Weise war es möglich, die beiden anderen Former, je nachdem sie ihre Fähigkeiten und Leistungen erwiesen hatten, an die richtigen Plätze zu stellen. Was dadurch — neben der Vorbeuge gegen etwaige Fehlschläge — für den systematischen Aufbau eines rationellen Arbeitsvollzuges gewonnen worden war, liegt so klar, daß es keiner weiteren Erörterungen bedarf. — Nach allen vorangegangenen Ausführungen und praktischen Beispielen bleibt uns deshalb bei ihrem Abschluß nur zu wünschen, daß der Zeitpunkt nicht mehr fern sein mag, wo man in jedem Gießereibetriebe aus unseren Anregungen die jeweils nötigen Folgerungen zu ziehen sich bemüht. Dann werden auch Erfolg und Nutzen der betriebswirtschaftlichen Statistik nirgends lange auf sich warten lassen.

14. Folgerung und soziale Wertung der Arbeiter-, Lohn- und Leistungs-Statistik.

Mit der Darlegung der Qualitäts- und Eignungsmessung auf statistischem Wege ist das systemvolle Gebäude einer Arbeiter-, Lohn- und Leistungsstatistik im industriellen Betriebe zur Vollendung gebracht. Wir haben gezeigt, auf welche Weise die statistischen Ermittlungen organisch miteinander verknüpft und in den Rahmen der Betriebsorganisation eingefügt werden können. In dieser Hinsicht glauben wir, unserer Zielsetzung treu geblieben zu sein und allenthalben auf vorhandenem oder leicht erhältlichem Zahlenmaterial aufgebaut zu haben. Das kann vielleicht dazu beitragen, irgendwelche irrigen Bedenken des praktischen Kaufmannes gegen eine scheinbar erhebliche und unwirtschaftliche Mehrbelastung zu zerstreuen. Inwieweit tatsächliche Mehrkosten durch wertvollste Erkenntnisse aus den statistischen Auswertungen überkompensiert zu werden pflegen, sollte aus unseren Beispielen entnommen werden. — Wir wollen keineswegs verkennen, daß einige Schwierigkeiten zu überwinden sind und geraume Zeit vergehen wird, bis jedes Unternehmen sich durch fortlaufende Aufzeichnungen einen größeren Grundstock statistischen Materials beschaffen kann. Das ergibt sich notwendig daraus, daß der Ausbau in der Regel nur schrittweise vorzunehmen ist. — Aber es ist eine alte

Tatsache: Je umfassender und sicherer die Grundlage beschaffen ist, auf der gebaut werden kann, um so größer wird sich der herausspringende Nutzen erweisen.

Daß der volle Erfolg einer praktischen Statistik neben den rein technischen Vorbedingungen in weit größerem Maße von einem ehrlichen Gemeinschaftsverhältnis zwischen der Arbeiterschaft und ihren Vorgesetzten abhängt, wurde bereits betont. In vielen Betrieben wird der Leiter von einer systematischen Betriebsforschung nicht allein aus Sparsamkeitsrücksichten Abstand genommen haben, sondern vornehmlich wegen irgendwelcher Schwierigkeiten, auf die er aus naheliegenden Gründen bei seinen Arbeitern zu stoßen glaubt. Schon früher mußten wir eindringlich darauf verweisen, daß hinsichtlich aller wissenschaftlichen Rationalisierungsmethoden unsinnige Vorurteile vorherrschen, deren Entkräftung durch sinnvolle Anwendung als vornehmste Aufgabe des modernen Betriebswirtes zu gelten hat. Allerdings muß man sich dabei auf den Boden der Tatsachen stellen, daß in den heutigen Zeiten ein allgemeines Mißtrauen seitens der Arbeiterschaft besteht, die von vornherein gegen alle Maßnahmen der Betriebsleitung einen Argwohn hegt. Der Anlaß zu dieser Stellungnahme ist zweifelsohne in der »betriebsgroßtechnischen« Entwicklung der Neuzeit zu suchen. — »Mit der Ausdehnung der Betriebe verschwanden die persönlichen Berührungen zwischen Arbeitgeber und Arbeiter, und die Spezialisation und weitgetriebene Arbeitsteilung führte dazu, daß nicht mehr der ganze Mensch, sondern nur ein Teil von ihm, oft nur noch seine Hände gebraucht und bewertet wurden. — Diese Differenz zwischen der wirtschaftlichen und menschlichen Bewertung ist die Grundursache der sozialen Schwierigkeiten[1]).« — Die Schäden jener Entwicklung erkennen, heißt ihnen gegenüber die richtige Einstellung gewinnen! Takt, humanes Gefühl und Verständnis für das ganze Arbeiterproblem müssen deshalb als die wichtigsten Voraussetzungen und als das beste Werbemittel für unsere wissenschaftlichen Bestrebungen angesehen werden.

So kommen wir dahin, für die praktische Nutzanwendung der Statistik zur Pflicht zu erheben, neben dem Streben nach rationeller Betriebsführung den wichtigsten Faktor, den Menschen als solchen, nicht zu vergessen. — Soweit es angängig war, wurde in den einzelnen Gebieten der vorliegenden Arbeit jener Gesichtspunkt besonders betont. —

Von einer entsprechenden betriebswirtschaftlichen Statistik im Kreise des Arbeiter- und Lohnproblems bleiben Vorteile in mehrfacher Hinsicht zu erhoffen: Erstens wird die statistische Betriebsüberwachung zu einer innigen Zusammenarbeit und zu enger Fühlungnahme der Betriebsleitung mit den Arbeitern und Meistern führen: »Die Erfordernisse der eingehenden Durcharbeitung, des ständigen

[1]) Vgl. Ernst Günther, Entlöhnungsmethoden, S. 158.

Eindringens in die Tätigkeit des Arbeiters bedingen einen früher nicht gekannten sachlichen Kontakt zwischen Aufsicht und Arbeiter. Das Ergebnis der daraus zu erwartenden Verschiebung im Verhältnis von Arbeitnehmer und Arbeitgeber muß einen allgemeinen Fortschritt bedeuten[1]).« — Zweitens verspricht die eingehende systematische Erforschung der allgemeinen Arbeitsbedingungen, dahin zu wirken, daß Mängel innerhalb der Organisation, Hemmnisse in den Betriebseinrichtungen aufgedeckt und abgestellt werden können. Drittens werden Hand in Hand damit neue Wege ausfindig gemacht werden, um dem Arbeiter seine Arbeit tunlichst zu erleichtern und ihm ein Optimum an Leistung zu ermöglichen. Weiterhin kann es dann nicht ausbleiben, daß die Statistik für ihren Teil dazu beiträgt, zu einer objektiv exakten Lohn- und Leistungsermittlung zu verhelfen. —

Wenn dies erreicht ist, glauben wir, hat die Statistik auch in sozialer Hinsicht ihre Aufgabe gelöst, Helferin für eine gerechte Arbeiter- und Werkpolitik zu sein.

---

[1]) Vgl. Schilling, Theorie d. Lohnmethoden, S. 128.

Tabellen-Anlage.

Arbeiter- und Belegschafts-Statistik.

1. Abteilung: Grauguß

Monat	Vorarbeiter	Former	Metall-Former	Kern-macher	Putzer	Ofen-arbeiter	Hilfs-arbeiter	Hof-arbeiter	Lehrlinge	Frauen	Summa
Januar	4	86	5	20	32	16	33	5	25	3	229
Februar	4	83	5	19	29	16	32	5	25	3	221
März	4	81	5	19	28	16	33	5	25	2	218
April	3	77	5	16	30	16	36	4	28	2	217
Mai	3	77	5	16	29	16	38	5	26	2	217
Juni	3	80	5	15	30	16	38	4	24	1	216
Juli	3	64	5	19	29	17	41	5	26	1	210
August	2	48	4	15	25	16	31	5	21	1	168
September	2	16	1	2	8	5	9	—	25	1	69
Oktober	2	27	—	6	11	7	22	—	24	1	100
November	2	36	—	9	15	8	22	—	24	1	117
Dezember	3	35	—	7	15	7	11	—	24	1	103

2. Abteilung: Temperguß

Monat	Vorarbeiter	Former	Metall-Former	Kern-macher	Putzer	Ofen-arbeiter	Hilfs-arbeiter	Lehrlinge	Frauen	Heizer	sonstige Arbeiter	Summa
Januar	2	54	—	8	5	14	5	3	4	—	—	95
Februar	3	51	—	7	6	12	5	3	5	—	—	92
März	2	49	—	7	6	13	4	3	5	—	—	89
April	2	37	—	7	5	12	4	2	7	2	—	78
Mai	2	31	—	7	4	10	3	1	7	2	—	67
Juni	2	40	—	8	5	14	5	2	5	5	—	86
Juli	2	44	—	13	5	13	13	3	7	2	—	102
August	3	31	—	7	4	11	11	2	5	2	—	76
September	3	22	4	13	6	7	7	3	3	2	—	70
Oktober	3	16	4	8	6	7	5	2	3	2	2	58
November	3	15	2	4	4	6	3	3	3	2	3	48
Dezember	3	20	2	4	4	7	2	3	1	2	3	51

3. Abteilung: Temper-Ofen

Monat	Vorarbeiter	Ofen-arbeiter	Hilfs-arbeiter	Frauen	Heizer	Trommler	Schleifer	Feiler	Locher	Arbeiter	Summa
Januar	3	14	7	1	3	2	10	13	4	—	57
Februar	3	10	5	1	3	2	8	11	4	—	47
März	3	11	6	1	3	2	6	16	5	—	53
April	4	15	4	1	3	2	5	14	5	—	53
Mai	4	13	3	—	3	2	6	13	3	—	47
Juni	4	14	4	—	3	2	10	13	4	—	54
Juli	3	15	3	—	3	2	12	16	—	—	54
August	3	13	3	—	3	2	11	9	—	—	44
September	3	12	5	—	3	1	5	8	—	—	37
Oktober	3	7	6	—	3	1	5	8	—	2	35
November	3	3	5	—	3	1	5	9	—	5	34
Dezember	4	2	8	—	3	1	5	9	—	8	40

4. Abteilung: Maschinenbau

Monat	Vorarbeiter	Hilfs-arbeiter	Lehrlinge	Heizer	Arbeiter	Elektriker	Schlosser	Modell-Schlosser	Dreher	Schmiede	Feilen-hauer	Hobler	Schweißer	Nacht-wächter	Summa
Januar	3	4	16	2	—	1	14	15	5	5	2	1	9	—	68
Februar	3	4	16	2	—	1	13	10	4	4	2	1	10	—	60
März	2	4	15	2	—	2	10	10	4	4	2	2	11	—	57
April	2	3	13	1	—	1	13	11	5	5	2	1	—	—	57
Mai	2	3	11	1	—	1	12	13	5	5	2	2	—	—	57
Juni	2	3	11	1	—	1	13	13	4	5	2	2	—	—	57
Juli	2	11	11	1	—	1	15	15	4	4	3	1	—	—	68
August	2	11	8	—	—	—	13	11	3	4	2	1	—	1	56
September	2	12	11	—	—	—	3	4	—	2	1	1	—	2	38
Oktober	2	3	11	—	—	—	3	5	—	2	1	1	—	2	30
November	2	—	7	1	1	—	4	5	—	2	1	1	1	—	25
Dezember	2	—	6	1	—	—	3	2	—	2	1	1	—	—	18

Monat	5. Klein-Schlosserei					6. Kastenbau			7. Magazin			8. Hof					
	Hilfsarbeiter	Lehrlinge	Schlosser	Frauen	Summa	Schlosser	Hilfsarbeiter	Summa	Arbeiter	Frauen	Summa	Vorarbeiter	Frauen	Kutscher	Nachtwächter	Arbeiter	Summa
Januar	3	2	11	4	20	6	—	6	3	3	6	1	—	2	2	24	29
Februar	1	2	5	—	8	5	1	6	3	—	3	1	—	2	2	22	27
März	2	2	4	—	8	6	—	6	3	—	3	1	—	2	2	22	27
April	1	2	4	—	7	6	—	6	3	—	3	1	—	2	2	30	35
Mai	1	2	4	—	7	6	—	6	3	—	3	1	—	2	2	23	28
Juni	1	2	4	—	7	6	—	6	3	—	3	1	—	2	2	24	29
Juli	—	—	—	—	—	3	—	3	3	1	4	1	—	2	2	29	34
August	—	—	—	—	—	5	—	5	3	1	4	1	—	2	2	20	25
September	—	—	—	—	—	—	—	—	—	1	1	1	—	2	2	8	13
Oktober	—	3	—	—	3	—	—	—	2	—	2	1	1	2	2	7	13
November	—	3	1	—	4	—	—	—	2	—	2	1	1	2	2	7	13
Dezember	—	3	3	—	6	—	—	—	2	—	2	1	1	2	2	7	13

Monat	9. Hufeisen		10. Tischlerei								11. Werkleute				Gesamt
	Tauer	Summa	Vorarbeiter	Hilfsarbeiter	Lehrlinge	Tischler	Modell-Tischler	Stellmacher	Polierer	Summa	Frauen	Betriebsrat	Schweißer	Summa	Summe 1—11
Januar	3	3	—	—	—	9	4	—	—	13	1	1	1	3	529
Februar	3	3	—	—	—	10	4	—	—	14	1	1	1	3	484
März	3	3	—	—	—	11	4	—	—	15	1	1	1	3	482
April	3	3	—	1	1	11	4	3	—	20	1	1	1	3	482
Mai	3	3	—	1	1	13	4	3	—	22	1	1	1	3	460
Juni	3	3	—	2	2	15	4	3	—	26	1	1	1	3	490
Juli	8	8	2	3	2	16	4	3	1	31	1	1	1	3	517
August	7	7	2	2	2	15	4	3	1	29	1	1	1	3	417
September	3	3	2	—	3	14	2	—	1	22	—	—	—	—	253
Oktober	2	2	2	—	3	12	2	1	1	21	—	—	—	—	264
November	3	3	2	—	3	14	2	2	—	23	—	—	—	—	269
Dezember	3	3	2	—	3	9	2	2	—	18	—	—	—	—	254

Tabelle 1.

Tag	Former					Kernmacher					Hilfsarbeiter					Kernmach. v. H. der Former	Hilfsarbeit. v. H. der Former
	Zahl	Norm M.	Norm Pf.	Verdienst M.	Verdienst Pf.	Zahl	Norm M.	Norm Pf.	Verdienst M.	Verdienst Pf.	Zahl	Norm M.	Norm Pf.	Verdienst M.	Verdienst Pf.		
	1.	2.		3.		4.	5.		6.		7.	8.		9.		10.	11.
1.	30 4	240	30	244	45	8 2	60	30	58	70	4	21	60	21	20	24,0	8,7
2.	30 4	240	30	250	30	8 2	60	30	56	60	4	21	60	21	20	22,6	8,5
3.	35 4	278	55	263	05	8 2	60	30	57	50	4	21	60	21	20	21,8	8,1
4.	35 4	278	55	272	25	8 2	60	30	61	75	4	21	60	21	20	22,7	7,7
5.	35 4	278	55	269	80	8 2	60	30	61	30	4	21	60	21	20	22,7	7,9
6.	35 3	275	85	274	75	8 2	60	30	62	55	5	27	00	27	60	22,8	10,0
8.	35 3	275	85	281	60	8 2	60	30	63	20	5	27	00	27	60	22,4	9,8
9.	35 3	275	85	283	00	8 2	60	30	64	80	5	27	00	28	00	22,9	9,9
10	34 3	268	20	274	60	8 2	60	30	65	35	5	27	00	27	60	23,8	10,0
11.	34 3	268	20	265	30	8 2	60	30	66	05	5	27	00	34	50	24,9	13,0
12.	34 4	270	90	275	45	8 2	60	30	65	70	5	27	00	27	60	23,9	10,0
13.	34 4	270	90	279	20	8 2	60	30	68	85	5	27	00	27	95	24,7	10,0

Tabelle 2. Verdienstlohnstatistik.

Woche	Former in Maschinenguß Leistg. kg	Lohn M.	Lohn Pf.	Lohn °/₀	Kernmacher Lohn M.	Lohn Pf.	Lohn °/₀	Former in Ofentüren Leistg. kg	Lohn M.	Lohn Pf.	Lohn °/₀	Former in Kochplatten Leistg. kg	Lohn M.	Lohn Pf.	Lohn °/₀
	1.	2.		3.	4.		5.	6.	7.		8.	9.	10.		11.
1.	28,913	911	78	3,15	187	96	0,66	1,418	109	50	7,72	2,122	103	63	4,88
2.	34,433	904	07	2,63	202	30	0,59	1,931	178	22	9,22	2,836	95	56	3,37
3.	16,706	728	37	3,74	198	11	1,18	1,128	118	24	10,48	3,054	135	49	4,43
4.	18,518	753	41	3,52	210	50	1,13	1,675	145	51	8,68	2,339	110	90	4,74
5.	20,716	1 022	11	3,93	199	17	0,96	1,164	80	58	6,92	2,652	100	48	3,78
6.	22,567	1 002	41	4,44	213	21	0,94	893	38	62	4,32	2,635	98	50	3,73
7.	22,884	972	19	4,24	210	64	0,92	1,190	48	88	4,10	2,567	113	74	4,43
8.	22,375	972	01	4,34	228	97	1,02	823	40	66	4,94	1,723	77	59	4,50
9.	22,585	926	75	4,10	233	09	1,03	712	40	06	5,62	2,393	75	26	3,14
10.	23,930	931	02	3,89	228	85	0,96	1,030	52	44	5,09	2,146	91	70	4,27
11.	16,331	793	70	5,17	215	49	1,32	376	18	88	5,02	1,526	83	84	5,49

Woche	Former in Fenster Leistg. kg	Lohn M.	Lohn Pf.	Lohn °/₀	Putzer Gesamtleistg. kg	Lohn M.	Lohn Pf.	Lohn °/₀	Schmelzer Lohn M.	Lohn Pf.	Lohn °/₀	Hilfsarbeiter Lohn M.	Lohn Pf.	Lohn °/₀
	12.	13.		14.	15.	16.		17.	18.		19.	20.		21.
1.	66	2	97	4,50	33,534	176	25	0,53	135	11	0,41	328	88	0,99
2.	464	43	20	9,31	41,065	199	02	0,48	160	96	0,39	374	10	0,91
3.	921	73	64	7,99	23,613	210	20	0,89	133	12	0,56	272	40	1,15
4.	432	51	79	11,99	25,006	179	53	0,72	159	50	0,64	284	23	1,13
5.	293	19	22	6,56	27,310	182	10	0,66	109	48	0,40	275	42	1,00
6.	187	21	27	11,30	27,251	181	95	0,66	132	24	0,48	270	83	0,99
7.	37	4	25	11,50	29,189	182	16	0,62	133	15	0,45	264	38	0,90
8.	620	38	80	6,26	27,412	178	88	0,65	120	85	0,44	258	54	0,94
9.	740	50	31	6,79	28,865	181	80	0,63	116	28	0,40	263	53	0,91
10.	404	45	90	11,36	30,446	212	41	0,70	122	47	0,40	269	29	0,88
11.	716	53	59	7,48	22,465	180	36	0,80	129	18	0,57	259	50	1,15

Tabelle 8. Lohnkosten pro Erzeugungseinheit.

Woche	Gesamt-Lohnkosten pro 100 kg			
	1. Maschinenguß	2. Ofentüren	3. Kochplatten	4. Fenster
	Mk.	Mk.	Mk.	Mk.
1.	5,74	9,65	6,81	6,43
2.	5,00	11,00	5,15	11,09
3.	7,52	13,08	7,03	10,59
4.	7,14	11,17	7,23	14,48
5.	6,95	8,98	5,84	8,62
6.	7,51	6,45	5,86	13,43
7.	7,13	6,07	6,40	13,47
8.	7,39	6,97	6,53	8,29
9.	7,07	7,56	5,08	8,73
10.	6,83	7,07	6,25	13,34
11.	9,01	7,54	8,01	10,00

Tabelle 4 (aus Tabelle 3).
Gesamt-Lohnkosten pro 100 kg Guß.

Woche	1. Einzelkosten Lohn	2. Hilfslohnkosten	3. Hilfslöhne v. H. der Einzelkosten
	Mk.	Mk.	%
1.	1906,85	419,32	22,0
2.	1705,—	391,76	23,0
3.	1616,45	379,81	23,5
4.	1589,40	381,27	24,0
5.	1535,05	379,39	24,7
6.	1529,35	384,90	25,2
7.	1526,05	403,07	26,4
8.	1258,05	386,22	30,7
9.	1322,30	408,59	30,9
10.	1400,35	443,73	31,7
11.	1877,90	463,99	24,7
12.	2299,65	535,06	23,3

Tabelle 5. Kostenübersicht der Hilfslöhne.

Woche	Stündliche Leistung eines Arbeiters			
	Maschinenguß	Ofentüren	Kochplatten	Fenster
	kg	kg	kg	kg
	1.	2.	3.	4.
1.	19,2	6,1	9,5	9,0
2.	22,3	5,1	13,8	4,6
3.	13,8	4,7	10,5	5,4
4.	14,4	5,7	10,2	3,9
5.	11,5	6,7	12,8	6,1
6.	13,1	9,6	11,8	3,7
7.	12,8	9,9	9,1	3,7
8.	12,2	8,2	9,3	6,7
9.	13,1	7,6	13,5	6,0
10.	12,9	8,4	9,6	3,7
11.	13.4	8,5	7,6	5,4
12.	14,0	8,3	9,3	5,0
13.	14,2	7,5	9,6	4,3

Tabelle 6. Durchschnittliche Reingußleistung.

Woche	Reinguß	Ausschuß-Quote v. H.	verschuldet v. H.	unverschuldet v. H.
1.	80,298	6,2	3,25	2,95
2.	116,317	7,9	3,9	4,0
3.	138,984	6,1	3,1	3,0
4.	148,810	5,5	2.95	2,55
5.	158,115	4,8	3,1	1,7
6.	174,430	4,6	2,25	2,35
7.	134,419	8,7	6,0	2,7
8.	98,394	7,6	5,2	2,4
9.	67,015	10,1	7,0	3,1
10.	108,594	8,7	6,15	2,55
11.	102,660	7,4	4,3	3,1
12.	79,005	9,3	5,25	4,05
13.	74,752	10,9	5,5	5,4
14.	103,932	7,7	5,0	2,7
15.	116,106	6,1	3,4	2,7

Tabelle 7. Ausschuß-Statistik.

Literaturnachweis.

W. Auler, »Vorlesungen über Betriebswirtschaftslehre und Industriebetriebslehre« an der Hochschule Gießen, W. S. 1924. S. S. 1925.

W. Auler, »Die Selbstkostenrechnung bei veränderlichem Geldwert«, Hamburg 1923.

W. Auler, »Betriebswirtschaftslehre«, Handwörterbuch des Kaufmanns, Berlin 1926.

Axelrad, »Wissenschaftliche Betriebsleitung in der Gießerei«, Zeitschrift-Gießerei, 1924. Heft 2/3.

R. Baum, »Buchhaltung und Statistik«, Zeitschrift für Handelswissenschaft und Handelspraxis, II. Jahrgang.

Bernhard, »Handbuch der Löhnungsmethoden«, Leipzig 1906.

Calmes, »Der Fabrikbetrieb«, Leipzig 1922.

Calmes, »Die Statistik im Fabrik- und Warenhandelsbetrieb«, Leipzig 1921.

Daeschner, »Kontrollstatistik im modernen Fabrikbetriebe«, Hannover 1907.

Daeves, »Großzahlforschung«, Düsseldorf 1924.

Karl Diehl, »Arbeitsintensität und Achtstundentag«, Jena 1923.

O. Fahr, »Einführung von Zeitstudien in einem Betrieb für Massenfabrikation«, München und Berlin 1922.

Gomberg, »Grundlegung der Verrechnungswissenschaft«, Leipzig 1908.

F. v. Gottl-Ottlilienfeld, »Grundriß der Sozialökonomik«, 2. Abteilung, »Wirtschaft und Technik«, Tübingen 1923.

»Harzburger Druckschrift«, Selbstkostenberechnung für Eisengießereien, herausgegeben vom Verein Deutscher Eisengießereien. 30. April 1924.

E. Heidebrock, »Industriebetriebslehre«, Berlin 1924.

H. Herkner, »Die Arbeiterfrage«, Berlin 1921.

A. Hertlein, »Statistik im Dienste der Bankorganisation«, Leipzig 1920.

A. Isaac, »Umsatzstatistik«, Zeitschrift für Betriebswirtschaft, I. Jahrgang, Heft 4.

Engelbert Leber, »Die Frage der Selbstkostenberechnung von Gußstücken in Theorie und Praxis«, Düsseldorf 1910.

Leitner, »Kontrolle, Revisionstechnik und Statistik in kaufmännischen Unternehmungen«, Frankfurt 1917.

Leitner, »Selbstkostenrechnung industrieller Betriebe«, Frankfurt 1913.

Lilienthal, »Fabrikorganisation, Fabrikbuchführung und Selbstkostenberechnung der Ludw. Loewe A.-G.«, Berlin 1913.

Lischka, »Die Selbstkostenrechnung in der Gießerei« München 1926.

A. Messerschmidt, »Die Kalkulation in der Eisengießerei«, Essen 1913.

Michel, »Wie macht man Zeitstudien«, Berlin 1920.

Moede, »Die psychotechnische Arbeitsstudie«, Praktische Psychologie, I. Jahrgang, Leipzig.

H. Peiser, »Der Einfluß des Beschäftigungsgrades auf die industrielle Kostenentwicklung«. Berlin 1924. 7. Heft der Betriebswirtschaftlichen Zeitfragen.

Porzig, »Statistik im Industriebetriebe«, Stuttgart 1917.

Sachsenberg, »Ausgewählte Arbeiten des Lehrstuhls für Betriebswissenschaft, Dresden.« Berlin 1924.

F. Schaaps: »Statistik und graphische Darstellung im Dienste des Kaufmanns« Zeitschrift für Handelswissenschaft und Handelspraxis III. Jahrgang.

Schilling, »Theorie der Lohnmethoden«, Berlin 1919.

Schlesinger, »Psychotechnik und Betriebswissenschaft«, Leipzig 1920.
Schmalenbach, »Selbstkostenrechnung«, Zeitschrift für Handelswissenschaftliche Forschung, XIII. Jahrgang.
Schott, »Statistik«, Leipzig 1913.
W. Steinthal, »Intensitätsmessungen in der Industrie«, Berlin 1924. 6. Heft der Betriebswissenschaftlichen Zeitfragen.
F. W. Taylor, »Die Grundsätze wissenschaftlicher Betriebsführung«, München 1920.
Taylor-Wallichs, »Die Betriebsleitung«, München u. Berlin 1919.
Neun Untersuchungen über die Entlöhnungsmethoden in der deutschen Eisen- und Maschinenindustrie, Berlin 1906/11; darunter: Ernst Günther: »Die Entlöhnungsmethoden in der bayrischen Eisen- und Maschinenindustrie«, Berlin 1908.
A. Walther, »Grundzüge industrieller Kostenlehre«, Zürich 1923.
H. Winkler, »Die kaufmännische Verwaltung einer Eisengießerei«, Berlin 1906.
J. M. Witte, »Taylor- Gilbreth-Ford, Gegenwartsfragen der amerikanischen und europäischen Arbeitswissenschaft«, München u. Berlin 1924.
X. Zahnbrecher, »Lohnstatistik«, Nürnberg 1913.
Zizek, »Grundriß der Statistik«, München 1921.

www.ingramcontent.com/pod-product-compliance
Lightning Source LLC
LaVergne TN
LVHW081341011026
849161LV00013BB/2973